RICOCHET #11

Hisako Inoue.
Die Bibliothek der Gerüche
The Library of Smells

In Zusammenarbeit mit
In cooperation with
Takurô Shibayama und
Mika Shirasu

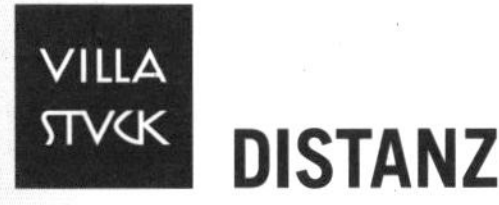

Vorwort

Im Februar 2009 werden bei Christie's in Paris Objekte aus der Sammlung von Yves Saint Laurent und Pierre Bergé versteigert. Zum Aufruf kommt unter anderem *Belle Haleine: Eau de Voilette* von Marcel Duchamp. Dabei handelt es sich um einen Parfumflakon, genau 16,5 Zentimeter hoch, verziert mit einem Foto, das Duchamp als „Rrose Sélavy" zeigt und von seinem Künstlerfreund Man Ray stammt. Datiert ist das Fläschchen mit 1921, es wurde 1936 in der Pariser Galerie Charles Ratton gezeigt und ist damit wohl eines der ersten „Duft"-Objekte, das im 20. Jahrhundert als Ready-made in einer Ausstellung präsentiert wurde. Bei oben erwähnter Auktion wurde es im Übrigen zum Preis von 8,9 Millionen Euro verkauft.

Wenn Duft im Museum landet, kann etwas sehr Kostbares dabei herauskommen, das zeigt diese Anekdote. Wenn im Museum mit oder über Geruch gearbeitet wird, dann ist die Nase (noch mehr als das Ohr) häufig nur der Sidekick zum Auge, steht doch die visuelle Wahrnehmung, das Sehen, stets im Vordergrund. Die japanische Künstlerin Hisako Inoue verschiebt in der elften Ausgabe der Ausstellungsreihe RICOCHET diese Priorisierung und gibt damit der olfaktorischen Wahrnehmung eine höhere Priorität und unserem Geruchssinn Aufgaben, die er im Alltag nicht mehr so oft wahrnimmt wie zu jenen Zeiten, in denen Riechen über das Überleben entscheiden konnte. Hanns Hatt, Zellphysiologe und Geruchsforscher an der Ruhr-Universität Bochum, beschreibt einen Vorgang, wie er sehr häufig vorkommt: „Stellen Sie sich vor, Sie betreten einen fremden Raum, eine Wohnung, die Sie besichtigen, ein Hotelzimmer oder ein Bahnabteil. Was tun Sie? Sie schauen sich erst einmal um. Aber bewusst umherriechen – das tut kein Mensch mehr. Dabei könnte der Raumduft uns vielleicht Auskunft darüber geben, warum wir uns in diesem Zimmer gerade wohl fühlen oder nicht. Vielleicht kennen wir den Duft schon und er erinnert uns an schöne oder unangenehme Situationen."

Mein herzlicher Dank gilt Hisako Inoue für den gesamtheitlichen Ansatz ihrer Ausstellung *Die Bibliothek der Gerüche* in den Historischen Räumen der Villa Stuck. Die Gerüche antiquarischer Bücher stehen im Mittelpunkt der Ausstellung, nicht der Inhalt oder die grafische Gestaltung. Und doch erweitern sich die Gerüche der Bücher in das Visuelle der Installation aus Fläschchen, Glashauben, unter denen die Bücher lagern, oder einem ganz mit Papier ausgekleideten Raum. Zusätzlich erweitert Hisako Inoue *Die Bibliothek der Gerüche* um eine taktile und eine auditive Ebene. Diese komplexe Choreografie entstand in enger Zusammenarbeit mit dem Soundkünstler Takurô Shibayama und Mika Shirasu, Assistant Professor des ERATO Touhara Chemosensory Signal Project an der Universität von Tokio.

Der Kuratorin der Ausstellung, Anne Marr, danke ich für den wunderbaren Impuls, Hisako Inoue mit diesem Projekt in das Museum Villa Stuck einzuladen. Die Historischen Räume werden damit zum Labor und werden wohl wie bei keiner Ausstellung zuvor vom Publikum aktiv genutzt – zum Riechen, zum Erinnern und zum Austausch über das, was die Düfte in unseren Köpfen auslösen. Mein Dank gilt dem Aufbauteam von Christian Reinhardt, insbesondere Johannes Koch, Joseph Köttl und Andrea Snigula für die sorgsame Installation in den Räumen und unserer Restauratorin Susanne Eid für die umsichtige Betreuung der empfindlichen Objekte.

Dank Anne Marr wird die Ausstellung von einer Reihe von Führungen und Workshops begleitet, die sich auch speziell an blinde und sehbehinderte Menschen richten. Ein Audioguide wurde für die Ausstellung in Zusammenarbeit mit den Südbayerischen Wohn- und Werkstätten/SWW und unter der Leitung der Hörfunkjournalistin Isabelle Auerbach entwickelt. Und natürlich wird eine Führung in die schönste Bibliothek der Stadt führen, in die Monacensia im Hildebrandhaus, dem Literarischen Gedächtnis der Stadt München. Allen Partnern und Mitwirkenden sei an dieser Stelle ganz herzlich gedankt.

Zur Ausstellung erscheint dieser Katalog im Distanz Verlag mit einem Gespräch zwischen Anne Marr und Hisako Inoue sowie Beiträgen von Cecilia Bembibre und Matija Strlič, Mădălina Diaconu, Takurô Shibayama und Mika Shirasu. Ihnen allen gilt mein Dank, ebenso der Koordinatorin der Publikation, Nadja Henle, sowie Anett Hentschel für die einfühlsame Gestaltung des Buches und Uta Grosenick und dem Team des Distanz Verlags für die hervorragende Betreuung des Titels.

Zu guter Letzt danke ich Karin Sommer vom Internationalen Künstlerhaus Villa Waldberta, wo sich Hisako Inoue 2016 drei Monate aufgehalten hat und in die Recherche für die aktuelle Ausstellung einsteigen konnte.

Michael Buhrs, Direktor Museum Villa Stuck

Preface

In February 2009, objects from the collection of Yves Saint Laurent and Pierre Bergé were auctioned off at Christie's in Paris, among them a work by Marcel Duchamp called *Belle Halaine: Eau de Voilette*. A perfume bottle measuring exactly sixteen and a half centimeters, it is decorated with a photograph taken by his artist friend Man Ray, which shows Duchamp as "Rrose Sélavy". Dated 1921, the bottle was first displayed at Galerie Charles Ratton in Paris in 1936, making it probably one of the first "olfactory" objects to be shown as a Readymade in an exhibition in the twentieth century. At the aforementioned auction it was sold for 8.9 million Euros.

When scent ends up in a museum, something very valuable may come from it, as this anecdote shows. When odor is used or made a subject in a museum, the nose (even more so than the ear) is often just a sidekick of the eye, as visual perception is invariably prioritized. In the eleventh edition of the RICOCHET exhibition series, the Japanese artist Hisako Inoue switches this prioritization, giving higher priority to olfactory perception and assigning our sense of smell tasks it no longer performs as frequently in everyday life, as it used to in the days when smelling could mean surviving. Hanns Hatt, cellular physiologist and olfactory scientist at Ruhr University in Bochum, describes a scene that occurs quite frequently: "Imagine you enter an unfamiliar space, an apartment you are viewing, a hotel room or a train compartment. What do you do? You first look around. But do you consciously sniff the air? No, no one does that anymore. And yet the smell of a space may tell us why we feel or don't feel comfortable in the room. Perhaps the smell is familiar to us and reminds us of pleasant or unpleasant situations."

I am deeply grateful to Hisako Inoue for the holistic approach of her exhibition *The Library of Smells* in the Historical Rooms of Villa Stuck. The focus of the exhibition is on the odors of antiquarian books rather than on their contents or graphic design. And yet the odors of the books extend into the visual dimension of the installation, which consists of small bottles, bell jars covering books, and a room lined entirely with paper. Moreover, Hisako Inoue expands *The Library of Smells* for visitors to include tactile and auditory dimensions. This complex choreography was realized in close collaboration with the sound artist Takurô

Shibayama and Mika Shirasu, Assistant Professor at the ERATO Touhara Chemosensory Signal Project of the University of Tokyo.

I would like to thank Anne Marr, the curator of the exhibition, for the wonderful impulse to invite Hisako Inoue with her project to the Museum Villa Stuck. The Historical Rooms have become a laboratory and are probably being used more actively by visitors than ever before in an exhibition – to smell, to remember and to communicate about what the odors trigger inside them. My thanks to the installation team of Christian Reinhardt, especially Johannes Koch, Joseph Köttl and Andrea Snigula for their careful installation in the Historical Rooms, and our conservator, Susanne Eid, for her circumspect care of the sensitive objects.

Thanks to Anne Marr, the exhibition is supported by a series of guided tours and workshops that are also aimed specifically at the blind and visually impaired. An audio guide for the exhibition was developed in cooperation with Südbayerische Wohn- und Werkstätten/SWW under the direction of the radio journalist Isabelle Auerbach. And, of course, guided tours will take attendees to Monacensia im Hildebrandhaus, Munich's most beautiful library and literary memory. We want to take this opportunity to warmly thank all our partners and the individuals involved.

This catalogue is published in conjunction with the exhibition. Featuring a conversation between Anne Marr and Hisako Inoue and essays by Cecilia Bembibre and Matija Strlič, Mădălina Diaconu, Takurô Shibayama, and Mika Shirasu, the volume is published by DISTANZ Verlag. I want to extend my gratitude to the authors, to Nadja Henle for coordinating the publication, to Anett Hentschel for her sensitive design of the volume, and to Uta Grosenick and the team of Distanz Verlag for their superb work in seeing this book to completion.

Last but not least, I want to thank our colleagues at the Villa Waldberta International Artists' Residence, notably Karin Sommer, where Hisako Inoue spent three months in 2016 and was able to embark on her research for the present exhibition.

Michael Buhrs, Director Museum Villa Stuck

„Das Aktivieren tief verschütteter Erinnerungen ist mein eigentliches Kunstwerk"

Interview von Anne Marr mit Hisako Inoue

Du hast schon zahlreiche Ausstellungen geruchsbasierter Kunst realisiert. Wie hast du diese Kunstform entdeckt und wie vollzog sich dein Werdegang?

An der Joshibi Universität für Kunst und Design in Sagamihasa studierte ich Druckgrafik und Ölmalerei. Anfangs fiel es mir schwer, eine emotionale Verbindung zwischen meinen Kunstwerken und dem Betrachter herzustellen.

Aber glücklicherweise entdeckte ich in dieser Zeit auf einer Europa-Reise in einer Ausstellung mit Werken von Absolventen der École Nationale Supérieure des Beaux-Arts de Paris meine Leidenschaft für Installationen und Konzept- und Medienkunst. Das war genau die Ausdrucksform, nach der ich gesucht hatte! Nach meiner Rückkehr nach Japan habe ich mich dann intensiv mit Installationen beschäftigt. Ein Wendepunkt für mich war die Begegnung mit dem Komponisten Takurô Shibayama. Fortan arbeiteten wir gemeinsam an Klanginstallationen. Mein Fokus verlagerte sich auf den Geruch, als ich im Alter von 27 Jahren das Kunstwerk *Marble project* (2001) realisierte. Dazu schüttete ich 80000 Schokolinsen auf eine drei mal drei Meter große Bühne. Die Besucher zerstampften die bunten Schokolinsen mit ihren Füßen, wodurch sie sich in eine erdähnliche, braune, süßlich riechende Masse verwandelten. Danach schuf ich mehrere Installationen zum Thema „Geruch und Erinnerung". Seit 2007 konzipiere ich Installationen mit Workshops, in denen die Teilnehmer das Verhältnis von menschlichem Geruch und Erinnerung noch direkter wahrnehmen können. Seit 2011 entwickle ich Programme mit Sehbehinderten. Vor allem meinen Begegnungen

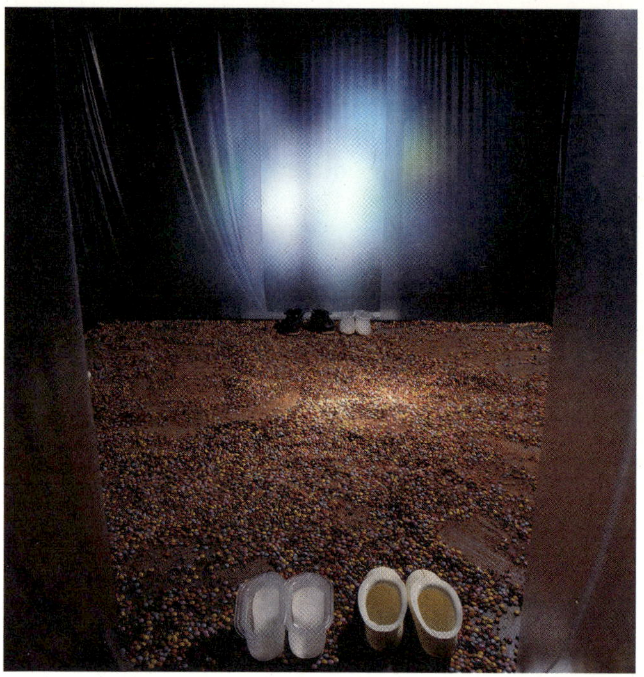

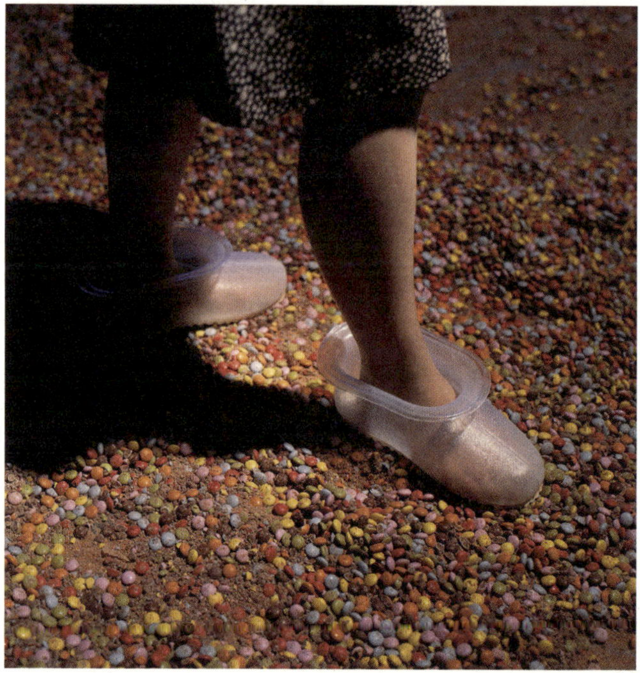

Hisako Inoue, *Marble project*, 2001

mit Kazushige Tôhara, Professor für Angewandte Biochemie am Forschungsinstitut für Agrar- und Biowissenschaften der Staatlichen Universität Tokio sowie Leiter des Tôhara-Projekts für Chemosensorische Signale ERATO, und mit Mika Shirasu, Dozentin an der Staatlichen Universität Tokio, verdanke ich die Erweiterung meiner Ausdrucksmöglichkeiten. Deren biochemische Analysen integriere ich in meine Ausstellungen.

Was unterscheidet Ausstellungen olfaktorischer Kunst von Ausstellungen visueller Kunst?

Bei olfaktorischer Kunst braucht es Fantasie und ein Vertrauensverhältnis, damit „Dinge und Menschen" sowie „Menschen und Menschen" eine Beziehung zueinander eingehen können. Der Unterschied zur visuellen Kunst liegt meines Erachtens in der Kunstbetrachtung, in der vor allem der Dialog mit der Fantasie und den eigenen Erinnerungen priorisiert wird. Bei der visuellen Kunst erhält man durch das „Sehen" von konkreten Formen und Phänomenen ein Gefühl der Sicherheit, steht man dem Kunstwerk direkt gegenüber und genießt die freie Betrachtungszeit und seine Gedanken. Bei der olfaktorischen Kunst hingegen, bei der die Geruchsmoleküle die Nasenhöhle direkt stimulieren, erwachen die instinktgesteuerten Sinne.

Du gehst in deiner Ausstellung auf die Beziehung zwischen Mensch und Buch ein. Was ist das für eine Beziehung und wie wird sie sichtbar, riechbar?

Die Vergänglichkeit des Menschen und die physikalische Natur des Buches stehen in enger Beziehung. Das Buch kommt mir vor wie ein „visualisierbarer Fluss des Lebens".

Tiere, Pflanzen und Dinge verfügen über eine Lebensspanne. Es gibt einen Anfang und ein Ende. Wie lebt man auf einer begrenzten Zeitachse? Im menschlichen Leben, das es jeweils nur ein einziges Mal gibt, ist es völlig unmöglich, zurückzukehren oder vorauszueilen, während man ein Buch immer wieder von Neuem lesen kann. Aber die im Gehirn abgespeicherten Erfahrungen formen das Leben und die Persönlichkeit eines Individuums, und wenn man sich seine Erinnerungen ins Gedächtnis zurückruft, gleicht das doch dem erneuten Lesen eines Buches. Mal ist das Leben wie ein Wörterbuch oder eine Zeitschrift, dann wieder wie ein Taschenbuch im A6-Format, ein Künstleralbum oder ein Bilderbuch. Manche Menschen führen ihr Leben sehr sorgsam, bewahren und behüten es, andere sind nachlässig und achtlos.

Haben dich die Entwicklung des E-Books und der Siegeszug der digitalen Medien darin bestärkt, die enge Verbundenheit des Menschen zum gedruckten Buch zu thematisieren?

Ja. Die Liebhaber der elektronischen Bücher mehren sich, was bedeuten könnte, dass unsere Sinne zunehmend abstumpfen. Das Lesen von Texten und das Betrachten von Fotos oder Bildern erfordert ja Denkvermögen und Vorstellungskraft. Allerdings nehmen wir beim Lesen der Schriftzeichen nicht nur visuelle Informationen auf, sondern auch die Situation vor Ort, das materielle Gewicht des Buches, die Haptik der Papierqualität sowie die Gerüche der Tinte, des Papiers und des Klebstoffs des Einbands.

Die amerikanischen Kulturwissenschaftler Classen, Howes und Synnott[1] diagnostizierten Mitte der 1990er-Jahre den Trend zur Kommerzialisierung von Düften bei gleichzeitiger Eliminierung der Alltagsgerüche in unserer Gesellschaft. Du bestätigst diesen Trend für Japan und führst die dort verwendeten Buchreinigungsmaschinen als Beispiel an. Diesen Trends stellst du den authentischen Geruch des Buches in seiner Ausprägung eines „gelebten Lebens" gegenüber. Wie bist du auf den Geruch von Büchern aufmerksam geworden?

Schon immer hatte jedes Buch, das ich las, für mich einen ganz eigenen Geruch. Diesen verknüpfe ich stets mit dem Inhalt des Buches. Der Geruch alter Bücher ist sehr süßlich. Da ist nicht nur der Geruch von Staub, sondern auch von Nikotin, manchmal auch der von Parfum (ein Duft, der darauf schließen lässt, dass dieses Buch von einer parfümierten Dame in ihren Mußestunden gelesen worden ist.) Bücher regen unsere Vorstellungskraft an. Die Gerüche der Bücher, die im Laufe der Epochen von vielen Händen berührt wurden, regen unsere Fantasie an.

Seit Mitte der 1980er-Jahre wuchs in der japanischen Wirtschaft das Interesse an Desodorierung sowie Duftstoffen. Die Japaner achten sehr auf Reinlichkeit und reagieren extrem sensibel auf fremde Gerüche. Haben sie in einem Restaurant gegessen, sprühen sie ihre Kleidung mit Deospray ein. Auch schlucken sie Tabletten, die den Körperschweiß unterdrücken. Die Buchreinigungsmaschinen, die in den Bibliotheken

---

1 Classen, Constance u. a., Aroma: The Cultural History of Smell, London und New York, 1994. 2 Eto, Shigehiro u. a., „Living environment and aroma-culture in modern Japan, social background of Japanese aromatherapy: 3 – Changes in frequency of words related to aroma-culture in the Nihon Keizai Shimbun", in: Japan Journal of Aromatherapy, Bd. 17, Nr. 1, 2016, S. 19 ff.

aufgestellt wurden, sind ein mächtiger Feind meiner Kunstwerke! Ich möchte nicht, dass die Freude am Geruch alter Bücher verloren geht.[2]

Du ziehst in deiner multisensorischen Ausstellung Parallelen zwischen dem Verlauf eines menschlichen Lebens und dem eines Buches – ganz in der Tradition des Animismus, des Glaubens an die Beseeltheit der Dinge. Kannst du diese Parallelen näher erläutern?

Beim Menschen verändert sich der Körpergeruch mit seinem Wachstum. Leider wird er, hüllt man ihn nicht in irgendwelche Düfte, mit zunehmender Reife nicht wohlriechender – am Ende des Lebens verströmt er einen Verwesungsgeruch. Alte Bücher riechen oft süßlich, weil im Laufe der Jahre diverse Papierkomponenten oxidieren, dazu kommen verschiedene Geruchseinflüsse aus dem Umfeld. Manchmal werden Menschen und Bücher gemeinsam älter, dann bauen sie Beziehungen auf. Bücher, die in Bibliotheken aufbewahrt werden, Bücher, die durch Antiquariate „reisen", ausgelesene Bücher, die grob behandelt werden. Bücher können über ihre eigene Zukunft nicht selbst entscheiden. Es kommt mir grausam vor, doch man kann wohl sagen, dass die Menschen den Schlüssel für das Schicksal der Bücher in ihrer Hand halten.

Das Verhältnis von Mensch und Buch inszeniert diese Ausstellung mit Gerüchen, Haptik und Klängen. Ich wünsche mir, dass die Besucher der Ausstellung dieses Verhältnis neu überdenken.

Unterscheiden sich die Gerüche von deutschen und japanischen Büchern?

Ich denke ja. In der Ära Taishô (1912–1926) und der Ära Meiji (1868–1912) wurden Bücher aus Bastfasern von Papiermaulbeerbäumen, vom Japanischen Papierbusch und von Gampi (aus der Familie der Seidelbastgewächse) hergestellt. Das macht die japanischen Bücher im Vergleich zu den westlichen, die aus Holzschliff hergestellt wurden, langlebiger. Aufgrund der unterschiedlichen Molekularstruktur, den Konservierungsumständen sowie der Temperatur und Luftfeuchtigkeit ergibt sich ein völlig anderer Geruch. Im Zuge der Vorbereitung dieser Ausstellung habe ich 18 Bücher aus München nach Japan mitgenommen, um den Geruch zu analysieren. Aufgrund der unterschiedlichen Luftfeuchtigkeit veränderte sich offenbar auch der Geruch der Bücher.

Willst du mit dieser Ausstellung die Menschen für einen bewussten Umgang mit Gerüchen sensibilisieren?

Ja, das möchte ich. Denn durch einen bewussten Umgang mit Gerüchen und Düften verändert sich auch unsere Aufmerksamkeit anderen

Menschen und der Umwelt gegenüber. Dank der olfaktorischen Wahrnehmung werden verschiedene Beziehungsebenen des Buches erkennbar. Dadurch, dass wir den Geruch in Worte fassen, ändert sich auch unsere Sichtweise.

Du willst Erinnerungen und Emotionen durch Gerüche aktivieren. In früheren Ausstellungen hast du durch Fragebögen versucht, diese systematisch zu erfassen. Welche Erkenntnisse gewinnst du daraus? Und wie verwertest du diese für deine weitere Arbeit?

In meiner Ausstellung „Erinnerung und Duft" im Jahre 2008 an der Keiô-Universität fielen die Antworten der Umfragen und Video-Interviews sehr unterschiedlich aus. Sie spiegelten auch Sprachmilieus und soziale Verhältnisse. Ältere Menschen nannten häufig Blumennamen oder gingen auf die Jahreszeiten ein, jüngere Menschen hingegen verknüpften ihre Erinnerungen an Gerüche eher mit dem Alltagsleben oder ihrer Kindheit. Aus den Antworten der befragten Personen entwickle ich neue Installationen und Ausstellungen.

Deine Installationen fordern die Besucher ausdrücklich zur Interaktion auf – erst ihre Teilhabe durch Riechen, Anfassen und Berühren vervollständigt die Ausstellung. Die Spuren, die sie durch Fingerabdrücke in den Büchern hinterlassen, werden Teil der Ausstellung und legen sich wie eine unsichtbare Schicht auf die Bücher. Legst du diese Art der Wechselwirkung bewusst an?

Ja. Normalerweise dürfen die Besucher Kunstwerke ja nicht berühren. In dieser Ausstellung ist das anders: Wer die Berührung verweigert, kann auch keine Beziehung zum Kunstwerk aufbauen. Durch die durch Gerüche hervorgerufenen Emotionen begegnen die Rezipienten auch sich selbst. Auch der Austausch der Besucher untereinander bezüglich ihrer Eindrücke, bildet einen Bestandteil der Ausstellung. Beim Berühren der Kunstwerke hinterlassen die Besucher ihre Spuren: Wenn sie die Glasglocke öffnen, wenn sie ein Buch in die Hand nehmen, wenn sie Seite für Seite das Papier berühren und dabei Körperwärme an das Papier abgeben. All diese weitgehend unsichtbaren Fingerabdrücke dokumentieren schließlich sämtliche Handlungen. Ich beobachte bis zum Ende der Ausstellung alle entstehenden Spuren und werde sorgsam mit ihnen als einem Kunstwerk umgehen.

Viele Künstler, die sich mit der Rezeption von Aromen auseinandersetzen, haben naturwissenschaftliche oder technische Ansätze, so beispielsweise Carsten Höller oder Teresa Margolles. Der naturwissenschaftliche Aspekt ist auch in deiner Ausstellung sehr wichtig, du arbeitest eng mit der Wissenschaftlerin Mika Shirasu zusammen, die die Gerüche der Bücher analysiert und in Netzdiagrammen visualisiert. Die naturwissenschaftlichen Fakten der analysierten Gerüche stehen im Gegensatz zu den emotionalen Reaktionen, die die Gerüche hervorrufen und zur individuellen Wahrnehmung von Gerüchen, die sehr unterschiedlich ist. Was bedeutet dir die naturwissenschaftliche Basis?

Dass naturwissenschaftliche Fakten und menschliche Sinneswahrnehmungen keinesfalls immer im Einklang miteinander stehen, finde ich faszinierend. Es kommt vor, dass das assoziierte Bild eines wahrgenommenen Geruchs mit den quantifizierten nachgewiesenen Geruchsmolekülen nicht übereinstimmt. Gerade diese Diskrepanz stellt meines Erachtens das richtige Ergebnis dar. Die naturwissenschaftliche Basis meiner Arbeit schafft Distanz. Auch die Zeit, die es braucht, um mit Hilfe eines Gas-Chromatografen mit Massenspektrometer (GC-MS) Geruchsmoleküle nachzuweisen, ist überaus faszinierend, das Ganze kommt mir wie eine Performance vor, in der wir den jeweiligen Molekülen unsere Achtung erweisen. Mika Shirasu übernimmt die Rolle einer Dolmetscherin, sie verbindet die Wissenschaft mit der Gesellschaft. Im Idealfall lösen ihre und meine Ideen chemische Reaktionen in den Köpfen der Besucher aus.

Man hat den Eindruck, dass olfaktorische Kunst viel mehr als visuelle Kunst den Rezeptionsprozess der Werke in die künstlerische Strategie miteinbezieht. Du gibst in der Ausstellung auch Handlungsanweisungen. Denkst du, es ist bei geruchsbasierter Kunst durch die Subtilität und das Flüchtige des Materials notwendig, den Rezeptionsprozess in bestimmte Bahnen zu lenken?

Ich helfe den Besuchern, sich in der Welt der Gerüche zu orientieren. Wir sind viel zu sehr an die visuelle Welt gewöhnt, deshalb gebe ich Verhaltensempfehlungen für diese Ausstellung. Meine Kunstwerke benötigen auch viel Zeit, in der sich die Sinneswahrnehmungen der Besucher mit ihren Erinnerungen verbinden können. Dieser Prozess ist mein eigentliches Kunstwerk: das Wahrnehmen der Gerüche und das Aktivieren tief verschütteter Erinnerungen. Wann genau der Erinnerungsprozess in Gang kommt, ist von Besucher zu Besucher sehr unterschiedlich. Mal passiert das sofort, dann wieder erst Tage, Wochen oder Monate später. Letztlich bilden all diese Erinnerungen ein großes, kollektives Archiv.

Gerüche werden meist mittels Metaphern aus anderen Sprachbereichen, wie Musik, Geografie, Essen oder Temperatur beschrieben. Es herrscht eine gewisse Sprachlosigkeit, die auch als Zeichen der Vernachlässigung des Geruchssinns gelesen werden kann. Siehst du die Ausstellung als eine Möglichkeit, unseren Geruchswortschatz zu erweitern?

Ja. Ich hoffe, dass durch die Geruchserfahrungen Gelegenheiten entstehen, bei denen vielfältige verbale Ausdrücke und eine neue Weltsicht ins Leben gerufen werden. Ich wünsche mir, dass durch die Wahrnehmung von Gerüchen auch die anderen Sinne angeregt werden und die Ausstellung zu einem Ort des Gedankenaustauschs wird. Ich möchte mit den Kunstwerken einen „Impuls zur Erinnerung und Rückbesinnung" geben. Und dass man sich dabei über die Wortwahl bewusst wird. Worte sind Lebewesen des Augenblicks. Mit ihrer Vergänglichkeit möchte ich behutsam umgehen.

Gerüche sind kulturell konnotiert: Kannst du etwas zur Bedeutung des Geruchs in der japanischen Kultur und zum heutigen Umgang mit Gerüchen sagen? Kannst du einen Unterschied zur deutschen Geruchswahrnehmung feststellen?

Bis zur Ankunft der Parfumkultur aus dem Westen im 19. Jahrhundert beeinflusste der Buddhismus die japanische Duftkultur. Aristokraten erfreuten sich an eleganten Spielen der Duftzeremonie ähnlich der Teezeremonie oder des Ikebana, des kunstvollen Blumenarrangements. Der Allgemeinheit jedoch war die Duftkultur nicht vertraut. Erst seit der Modernisierung Japans zu Beginn der Ära Meiji (1868–1912) begannen auch Arbeiter und Angestellte, sich an modischen Düften zu erfreuen.[3] Japaner haben weniger Schweißdrüsen als die Menschen im Westen, außerdem ernähren sie sich überwiegend vegetarisch. Deshalb haben sie einen schwachen Körpergeruch. Japaner finden es erstrebenswert, sich durch eine intensive Säuberung des Körpers von allen Gerüchen zu befreien und keinen Körpergeruch, also gar keinen Geruch mehr zu haben. Desodorierung und antibakterielle Wirkung spielen in der heutigen Gesellschaft eine große Rolle. In den vergangenen Jahren ist der Gebrauch von Weichspülern stark angestiegen.[4] In Japan, wo die Luftfeuchtigkeit

---

3 Siehe: Duft-Episoden, www.nipponkodo.co.jp/inori/episode (5. Oktober 2017). 4 Eto, Shigehiro u. a., „Living environment and aroma-culture in modern Japan, social background of Japanese aromatherapy: 1 – Aroma-culture related to life and social environment in modern Japan", in: Japan Journal of Aromatherapy, Bd. 17, Nr. 1, 2016, S. 1 ff.

sehr hoch ist, setzen an der Kleidung haftende Duftstoffe viele stark riechende Gerüche frei, was zu dem widersprüchlichen Wunsch führt, dies wieder zu neutralisieren. Es kam auch schon zu Fällen, in denen Duftstoffe bei Menschen zu gesundheitlichen Schäden führten. Das hat sich zu einem gesellschaftlichen Problem ausgeweitet, weshalb der japanische Verbraucherverband im Juli 2017 sogar einen Notruf für Duftschäden eingerichtet hat.

Im Verständnis der Japaner existiert folgender Zusammenhang: Geruchlosigkeit = Desodorierung/Geruchsneutralisierung = antibakterielle Wirkung = Sauberkeit.

Das Klima und die Essgewohnheiten sind in Japan anders als in Deutschland. Folglich gibt es landestypische (Körper-)Gerüche und eine unterschiedliche Wahrnehmung dieser Gerüche. Es ist meine ganz persönliche Ansicht, aber die Deutschen neigen zu einer ganzheitlichen Körperwahrnehmung und Denkweise. Die Japaner hingegen grenzen die fünf Sinne stark voneinander ab und nehmen jeden einzelnen Sinn für sich wahr. Die Japaner sind aber sehr stolz auf ihre sensible Sinneswahrnehmung.

"The activation of deeply buried memories is my real work of art"

You have already made many exhibitions based on smell happen. How did you discover this art form, and how did you develop in this direction?

I studied printmaking and oil painting at the Joshibi University of Art and Design in Sagamihara. At first, I found it difficult to create an emotional connection between my work and the viewer.

Thankfully, during that time, while on a trip to Europe and attending an exhibition featuring the work of graduates of the École Nationale Supérieure des Beaux-Arts de Paris, I discovered my passion for installations and for concept and media art. That was exactly the means of expression that I had been looking for! When I returned to Japan, I started to work intensively on installations. Another turning point was my encounter with the composer Takurô Shibayama. We have been working on sound installations together ever since. My focus shifted to smell when, at the age of 27, I created the piece *Marble project* (2001). It involved me pouring 80000 chocolate candies onto a three-meter by three-meter stage. The visitors crushed the colorful candies with their feet, turning them into a brown, sweet-smelling, soil-like mass. After that, I did several installations dealing with the theme of "smell and memory". Since 2007, I have been conceiving installations which include workshops in which the participants can experience the relationship between human smell and memory even more directly. Since 2011, I have been developing programs for the visually impaired. In particular, my meetings with Kazushige Touhara, Professor of Applied Biochemistry at the Research Institute for Agricultural and Biosciences at the University of Tokyo and head of the Touhara chemosensory signal project ERATO, and with Mika Shirasu, lecturer at the University of Tokyo, are to thank for expanding my means of expression. I have integrated their biochemical analyses into my exhibitions.

What distinguishes exhibitions of olfactory art from exhibitions of visual art?

Olfactory art has to trigger the imagination and a mutual bond so that "things and people" as well as "people and people" can relate to one another. In my opinion, it differs from visual art because when considering olfactory art, the dialog with the imagination and with one's own memories takes priority. In visual art, "seeing" concrete forms and phenomena provides a sense of security; you can stand directly opposite a work of art and enjoy the freedom of the viewing experience and the thoughts it generates. With olfactory art, on the other hand, in which odor molecules directly stimulate the nasal cavity, the viewer's own instinct-controlled senses are awakened.

In your exhibition, you deal with the relationship between man and book. What can you tell us about this relationship, and how can it be made visible/smellable?

The transience of man and the physical nature of the book are closely related. To me, the book seems like a visualizable river of life.

Animals, plants and things all have life spans. There is a beginning and an end. How does one live on a finite time axis? In the span of human life, in which each individual exists once and only once, it is completely impossible to go back or to skip ahead in time, whereas one can read a book over and over again from the beginning. But the experiences stored in the brain shape the life and the personality of an individual, and when one recalls memories, this is exactly like rereading a book. Sometimes life is like a dictionary or a magazine, other times it is like a paperback, an artist's album or a picture book. Some people lead their lives very carefully; they preserve and protect them. Others are sloppy and careless.

Did the development of the e-book and the triumph of digital media encourage you to pick up the theme of Man's bond with the printed book?

Yes. The number of electronic-book lovers is growing, which could mean that our senses are becoming increasingly dull. Reading texts and viewing photographs or pictures requires thought and imagination. However, I believe that when we are reading the characters on the page, we are not only recording visual information, but also the situation in a particular location; the material weight of the book, the quality and feel of the paper, as well as the odors of the ink, paper and glue of the binding.

In the mid-1990s, American cultural anthropologists Classen, Howes und Synnott[1] diagnosed a trend toward the commercialization

---

1 Constance Classen et al., Aroma: The Cultural History of Smell, London and New York, 1994.

of odors and the simultaneous elimination of everyday smells in our society. You confirm the existence of this trend in Japan and cite the book-cleaning machines used there as an example. You confront these trends with the authentic smell of the book and its expression of a "lived life". What brought the smell of books to your attention?

To me, every book I have read has always had its own very unique smell. I always associate this with the content of the book. The smell of old books is very sweet. Not only do they smell of dust, but also of nicotine, sometimes also of perfume (a fragrance that suggests that that particular book was read by a perfumed lady in her leisure time). Books stimulate our imagination. The odors of the books, which have been touched by many hands in the course of time, stimulate our imagination.

Since the mid-1980s the interest in deodorization and fragrances has grown in the Japanese economy. Japanese people today hold cleanliness in high regard and react extremely sensitively to foreign odors. If they have eaten in a restaurant, they spray their clothes with deodorant. They also swallow tablets that suppress the body's ability to sweat. The book-cleaning machines, which were installed in the libraries, are a powerful enemy of my works of art! I do not want the pleasure of the smell of old books to be lost.[2]

In your multisensory exhibition, you draw parallels between the course of a human life and that of a book – which is entirely in keeping with the tradition of animism, of the belief that things have souls. Can you explain these parallels in more detail?

In humans, body odor changes as people age. Unfortunately, if not covered by any other scents, the body does not smell better with increasing maturity. At the end of life, it exudes a smell of decay. Old books often smell sweet because, over the years, various components of the paper oxidize, and various environmental odor-influencing factors play a role as well. Sometimes people and books grow old together and build up relationships. Books are kept in libraries, books "travel" through antique bookstores, books can been read and roughly treated. Books

---

2 Shigehiro Eto et al., "Living environment and aroma-culture in modern Japan, social background of Japanese aromatherapy: 3 – Changes in frequency of words related to aroma-culture in the Nihon Keizai Shimbun", in: Japan Journal of Aromatherapy, vol. 17, no. 1, 2016, pp. 19–23.

cannot make decisions about their own futures. It seems cruel to me, but one can truly say that people hold the key to the fates of the books in their hands.

This exhibition stages the relationship between Man and his books using the senses of smell and touch as well as sound. My hope is that the sensory perceptions experienced in the exhibition will encourage people to reconsider this relationship.

Do German and Japanese books smell different?

I think they do. In the Taisho (1912–26) and the Meiji eras (1868–1912), books were made from the fibers of paper-mulberry trees, Japanese paper bushes and Gampi (from the family Thymelaeaceae). This makes Japanese books more durable compared to books from the West made of wood pulp. Their different molecular structures, the way the books were stored as well as the different temperatures and humidities result in completely different smells. In preparation for this exhibition, I took eighteen books from Munich to Japan to analyze their smells. Because of the difference in humidity, I obviously also changed the smell of the books.

Is it your intention with this exhibition to sensitize people to a more conscious way of relating toward smells?

Yes, I would like to achieve that. Through dealing consciously with smells and fragrances, our attention toward other people and to the environment will also change. Thanks to olfactory perception, books become recognizable on unfamiliar emotional levels. The fact that we put smells into words also changes our way of looking at things.

You want to activate memories and emotions through smells. In previous exhibitions, you have tried to record these memories and emotions systematically using questionnaires. What insights have you gained from the questionnaires? And how do you use these insights in your work?

In my exhibition "The Smell of Memories" at Keio University, Tokyo, in 2008, the answers to the surveys and video interviews were very diverse. They also reflected linguistic milieus and social conditions. Older people often mentioned flower names or spoke of the seasons, while younger people tended to link their memories of smells to their everyday lives or to their childhood. I use interviewees' responses to develop new installations and exhibitions.

Your installations explicitly invite visitors to interact with them, and these exhibitions would not be complete without the visitors' participation through smelling, touching and feeling. The traces they leave behind on the books through their fingerprints become part of the exhibition and lie like an invisible layer on the books. Is this kind of interaction something that you consciously design?

Yes. Normally visitors are not allowed to touch the artwork. In this exhibition, that is not the case. Those who don't touch cannot build a relationship to the work of art. Through the emotions evoked by smells, the recipients also encounter themselves. The conversations visitors have among themselves about their impressions also form part of the exhibition. When they touch the works of art, visitors leave their traces – when they open the bell jars, when they take a book in their hands, when they touch the paper page for page and transmit their body warmth to it. Ultimately, all these largely invisible fingerprints document these actions. Throughout the exhibition, I observe all these traces that are being created, and I treat them with care and as works of art themselves.

Many artists who deal with the reception of aromas, such as Carsten Höller or Teresa Margolles, have scientific or technical approaches. The scientific aspect is also very important in your exhibition. You work closely with scientist Mika Shirasu, who analyzes the odors of the books and puts diagrams – visual representations of the odors – on the Internet. The scientific fact of the analyzed odors stands in sharp contrast to the emotional reactions that the odors cause and also to the individual's perception of odors, which is very diverse. What does this basis in scientific fact mean to you?

I find it fascinating that scientific facts and human sensory perceptions are by no means always in harmony with each other. Sometimes the image associated with a perceived odor does not coincide with the odor molecules that have been verified through quantification. It is this discrepancy, of all things, that, in my opinion, constitutes the correct result. The scientific basis of my work creates a certain distance. The time it takes to detect odor molecules with the aid of a gas chromatograph with a mass spectrometer (GC-MS) is also fascinating. The whole process reminds me of a performance in which we pay each of the molecules our respects. Mika Shirasu assumes the role of an interpreter; she joins science with society. Ideally, both her and my own ideas trigger chemical reactions in the visitors' brains.

One has the impression that, much more so than with visual art, the artistic strategies of olfactory art incorporate the reception process. In the exhibition, you also give instructions. Do you think it is necessary in smell-based art, due to the subtlety and volatility of the material involved, to steer the reception process in a certain direction?

I help visitors to orient themselves in the world of smells. We are much too used to the visual world, that is why I provide behavioral guidelines for this exhibition. My pieces also require a lot of time for the visitors' sensory perceptions to be able to connect themselves to their memories. This process is the real work of art: the perception of smells and the activation of deeply buried memories. When exactly the process of remembering begins is different from visitor to visitor. Sometimes it happens right away, but it may happen days, weeks or months later. Ultimately, all these memories form a large, collective archive.

Smells are usually described using metaphors from other areas of language, such as music, geography, food or temperature. A certain wordlessness prevails, which can also be read as a sign of neglect of the sense of smell. Do you see the exhibition as an opportunity to expand our olfactory vocabulary?

Yes. I hope that through these smell experiences, opportunities will arise in which a wide variety of verbal expressions and a new world view will be brought into being. I hope that the other senses will also be stimulated through the perception of smell and make the exhibition a place where visitors exchange impressions. I would like to provide an impulse to remember and reflect with my work. And I hope that people are conscious of their choice of words in the process. Words are momentary beings. I would like to handle their transience with care.

Smells have cultural connotations. Can you tell us anything about the importance of smell in Japanese culture and about how smells are dealt with in contemporary Japan? Have you noticed a difference here in comparison with the European perception of smell?

Buddhism influenced the Japanese fragrance culture until the arrival of Western perfume culture in the nineteenth century. Aristocrats delighted in elegant fragrance ceremonies, which were similar to the tea ceremony or to Ikebana – the artistic arranging of flowers. The fragrance culture, however, was not familiar to the general public. It was only since the modernization of Japan at the beginning of the Meiji era (1868–1912) that the working classes began to enjoy fashionable fragrances[3]. The Japanese have fewer sweat glands than Westerners, and Japanese people maintain predominantly vegetarian diets. Therefore, they have a relatively weak body odor. The Japanese consider it desirable to rid themselves of all odors through intensive cleansing of the body and to have no body odor, that is, no smell at all. Deodorization and antibacterial action play a major role in today's society. In recent years, the use of fabric softeners has greatly increased.[4] In Japan, where the humidity is very high, the fragrances people use cling to their clothing and create many strong odors, which leads to a contradictory desire to neutralize these odors. There have already been cases where the use of such fragrances has caused health issues. This has grown into a societal problem, which is why in July of 2017, the Japanese Consumer Association even set up an emergency call number for fragrances.

The Japanese understand the following relationship to be true: Odorlessness = deodorizing/odor neutralization = antibacterial effect = cleanliness.

The climate and eating habits are different in Japan than they are in Europe. Consequently, there are country-specific (body) odors and different perceptions of these odors. It is my very personal opinion, but I think the Germans, for example, tend to have a holistic perception of the body and a holistic way of thinking. The Japanese, on the other hand, sharply separate the five senses and perceive each individual sense by itself. The Japanese, however, are very proud of their sensitive sensory perception.

---

3 See: Fragrance Episodes www.nipponkodo.co.jp/inori/episode (accessed October 5, 2017).
4 Shigehiro Eto et al., "Living environment and aroma-culture in modern Japan, social background of Japanese aromatherapy: 1 – Aroma-culture related to life and social environment in modern Japan", in: Japan Journal of Aromatherapy, vol. 17, no. 1, 2016, pp. 1–7.

Hisako Inoues Kunst – aus der Perspektive ihres Sounddesigners

Takurô Shibayama

Das erste Mal begegnete ich Hisako Inoue bei einem Workshop des Machida City Museum of Graphic Arts in Tokio im Jahr 1994, wir beschäftigten uns mit Lochkamera-Fotos und Fotogrammen. Im folgenden Jahr kam es zu unserer ersten Zusammenarbeit: Ich komponierte den Sound für ihre Ausstellung im Tokioter Stadtteil Ginza. Damals hatte ich gerade erst mein Graduiertenstudium begonnen, um Komponist für zeitgenössische Musik zu werden. Ich besaß noch keinen Computer, und ich erinnere mich daran, wie ich meine Sounds mit einem analogen Open-Reel-Achtspur-Tonbandgerät und einem Synthesizer produzierte. In dieser Installation wurde ein sargähnlicher Kubus aus Eisen mit Wasser gefüllt, der allmählich oxidierte und sich zersetzte. Das zeigte mir, dass es möglich ist, Kunst in freien Ausdrucksformen, die zudem auch noch ganz anders sind als das Komponieren, direkt zu inszenieren. Wieder ein Jahr später schuf Hisako ein Kunstwerk, das einem eisernen Boot ähnelte. Auch dafür komponierte ich einen Sound: Ich arrangierte eine durch ein unregelmäßig tickendes Metronom hervorgebrachte Fluktuation der Zeit mit Klavierklängen. Seit damals bestehen die Kunstwerke von Hisako Inoue aus vielen flüchtigen Elementen jenseits der Visualität. Neben den Klängen begann vor allem der Geruch ihre Kunst zu bereichern. Fast immer führen sie die Museumsbesucher ins Reich der Erinnerungen. Die Kunst war fortan das Medium, das bei Rezipienten über Gerüche und Klänge Erinnerungen weckt.

2001 schuf ich gemeinsam mit ihr eine Installation, für die wir Schokolinsen und Orangen benutzten. Ich komponierte für Hisako einen Sound aus Knack- und Kaugeräuschen von Schokolinsen. Bei einer anderen Installation verwendeten wir Orangen. Der Sound, den ich produzierte, entstand dadurch, dass ich einen Löffel in eine halbierte Orange steckte und die kleinen Fruchtfächer im Fruchtfleisch der Orangenspalten eins nach dem anderen mit dem Löffel zerdrückte. Die süßsauren Orangen wurden durch das kalte Metall des Löffels zerquetscht, der diffundierende Geruch und ein saftiger Klang breiteten sich im Raum aus. Daraus habe ich gelernt, dass Dinge, die riechen, auch klingen, und dass Dinge, die klingen, auch riechen. Erst durch die Aktivierung mehrerer Sinnesorgane kann man die Installationen von Hisako Inoue vollständig erleben.

Kunstwerke, die neben dem visuellen Sinn auch andere Sinne aktivieren, gibt es immer wieder, und zweifellos nehmen wir unsere Umwelt tatsächlich ja auch mit mehreren Sinnesorganen wahr. Da Auge, Nase, Ohr und Mund und andere Sinnesorgane naturgemäß über jeweils ganz unterschiedliche Funktionen verfügen, empfangen wir auch von einem Objekt, dem wir uns gegenübersehen, je nach Sinnesorgan ganz verschiedene Informationen. Wird ein Sinnesorgan über ein anderes Sinnesorgan aktiviert, nennen wir das „multimodal" oder „intermodal". Als Beispiel könnte man Mark Rothkos Verwendung des Ausdrucks „Sinnlichkeit" (*sensuality*) für die haptische Sinneswahrnehmung in seinen Bildern anführen, oder den Hinweis von Kôji Taki (Kunstkritiker und Philosoph) auf die Wahrscheinlichkeit, dass der Raum in der Architektur haptisch rezipiert wird. Des Weiteren erwähnte James Gibson, als er die Affordanz-Theorie propagierte, die Notwendigkeit eines kognitiven Modells, das die einzelnen Sinne integriert, und George Lakoff zeigte, dass die menschliche Kognition metaphorisch und analogisch ist. Dass wir für „Töne" Ausdrücke wie „hohe Töne" oder „weiche Töne" verwenden, ist, so kann man sagen, ganz offenbar eine Manifestation einer bildgebenden Methode, bei der andere Sinneswahrnehmungen zitiert werden. Dasselbe gilt auch für Ausdrücke wie „warme Farben" und „kalte Farben". So perzipieren und erkennen wir unsere Umwelt mit Hilfe mehrerer Sinnesorgane.

Andererseits weisen die Kunstwerke von Hisako jeweils mehrere Aspekte auf: Man kann sie sehen, riechen und hören. Aber können wir denn daher sagen, ihr Ziel bestehe nur darin, dass die Besucher zu einem Kunsterlebnis gelangen, indem sie mehrere Sinnesorgane aktivieren?

Hisako Inoue hat bereits viele Workshops gegeben, in denen sie und die Teilnehmer die Düfte verschiedener Objekte riechen, Dialoge führen und dadurch Erinnerungen wecken. Durch die Zusammenarbeit mit Mika Shirasu, einer Wissenschaftlerin und Expertin für Olfaktion, hat sich Hisakos Arbeitsfeld vom Klassenraum bis hin zur Straße erweitert, also von den bisher der Kunst zugedachten Räumen hin zu freien Sphären. Mit ihren partizipativen und interaktiven Workshops schärft sie unsere Sinne und sensibilisiert unsere Wahrnehmung. Ausstellungen, in denen man sehen, hören, riechen und tasten kann, ermöglichen es, etwas miteinander zu teilen, das man mit seinen Sinnesorganen allein nicht erfassen kann. Solche Ausstellungen sind nicht einfach nur ein Medium zur Übermittlung persönlicher Botschaften der Künstlerin: Vielleicht entdecken wir ja in den Beziehungen der Workshop-Teilnehmer und Museumsbesucher eine verborgene und schwer fassbare Synchronizität. Wäre das nicht denkbar?

Zweifellos sind Hisakos Ausdrucksformen nichts, was ihr irgendjemand beigebracht hat. Sie kommen von ihrer Wertschätzung menschlicher Begegnungen, die sie aufgrund ihrer Offenheit und Aufgeschlossenheit weiter vertieft. Ich denke, dass ihre Kunstwerke, die über Ausstellungsobjekte und Workshops hinaus ihr ganzes Leben umfassen, alles für sie sind.

Während meiner Mitwirkung an ihren Installationen in unserer nun schon über zwanzig Jahre andauernden Zusammenarbeit empfand ich ihre Art und Weise, wie sie sich vom einfachen Betrachten eines Kunstwerks entfernt hat, als überaus stimulierend. Ich versuche, die Ziele meines künstlerischen Ausdrucks stärker mit der Vielfalt in der Gesellschaft zu verbinden und habe mich nach dem Studium der Komposition zeitgenössischer Musik stark von meinem Lebensziel, als Komponist zu leben, entfernt. Ich bin gespannt, auf was mich die in unserer Zusammenarbeit gewonnenen Visionen wohl in Zukunft noch bringen werden. Als wir uns begegneten, waren wir in unseren Zwanzigern, jetzt haben wir die Vierziger erreicht. Ich freue mich auf das, was noch vor uns liegt.

Hisako Inoue's Artistic Expression – From the Perspective of Her Sound Composer

I met Hisako Inoue for the first time at a workshop at the Machida City Museum of Graphic Arts in Tokyo in 1994, where we worked with pinhole camera photos und photograms. The following year saw our first collaboration: I composed the sound for her exhibition in the Ginza district of Tokyo. At the time I had just started my postgraduate studies to become a composer of contemporary music. I didn't have a computer at the time, and I remember producing my sounds with an analogue open-reel, eight-track tape recorder and a synthesizer. In this installation a coffin-like metal cube filled with water was gradually oxidizing and corroding. The experience showed me that it is possible to orchestrate art directly in independent forms of expression, which are, at the same time, very different from composing. Yet another year later Hisako created an artwork that resembled a boat made of iron. I composed a sound for this work, too: using piano sounds, I arranged a fluctuation of time generated by an irregularly ticking metronome. Since then the artworks of Hisako Inoue have been made up of a variety of ephemeral elements beyond the visual. In addition to sounds, her art came to be enriched in particular by smells. These almost invariably take museum visitors into the realm of memories. From then on her art was conceived as a medium to evoke, through smells and sounds, memories in the recipients.

In 2001 Hisako and I created an installation for which we used chocolate drops and oranges. I composed a sound consisting of cracking and chewing noises for it. In another installation we used oranges. I created the sound for it by pushing a spoon into a halved orange and squashing the orange's small compartments of fruit flesh with it, one after the other. The sweet and sour oranges were crushed by the cold metal of the spoon and their scent and a juicy sound spread throughout the room. This taught me that things that smell also make sounds and, conversely, that things that make sounds also smell. The installations of Hisako Inoue can only be experienced fully through the stimulation of multiple sensory organs.

There have often been artworks that stimulate other senses besides vision, and there is no doubt about the fact that we perceive our surroundings with multiple senses. Since eye, nose, ear, mouth and other sensory organs naturally possess very different functions, the information we receive from an object we are confronted with also differs accordingly, depending on the sense. When one sensory organ is stimulated via a different sensory organ, we call this "multimodal" or "intermodal". Examples one could cite are Mark Rothko's use of the term "sensuality" for the haptic perception of his paintings, and the suggestion by the art critic and philosopher Kôji Taki that space in architecture is probably experienced haptically. James Gibson, moreover, in propagating his "Affordance Theory" referred to the need for a cognitive model that integrates the individual senses, and George Lakoff showed that human cognition is based on metaphor and analogy. Our use of terms such as "high tones" and "soft tones" for sounds quite obviously, one could argue, reflects a method of imaging that references other sensory perceptions. The same is true of phrases such as "warm colors" and "cold colors". In this way we perceive our environment with the aid of multiple senses.

By the same token, there are multiple aspects to each of Hisako's artworks: one can see them and smell them as well as hear them. But does this allow us to claim that her objective exclusively consists in enabling visitors to experience art by stimulating multiple senses?

Hisako Inoue has led many workshops in which she and the attendees smelled the odors of various objects, engaged in dialogues, and, as a result, awakened memories. Through her collaboration with Mika Shirasu, a scientist and expert on olfaction, Hisako's work area has expanded from the classroom to the street, from spaces previously intended for art to open spheres. With her participatory and interactive workshops she sharpens our senses and sensitizes our perception. Exhibitions in which they can see, hear, smell, and feel allow people to share something that they cannot appreciate solely with their senses. Such exhibitions are not simply a medium for the artist to communicate personal messages: we may, in fact, discover a hidden and elusive synchronicity in the relationships of the workshop attendees and museum visitors. Is this so inconceivable?

Hisako's forms of expression are definitely not something she was taught; rather, they derive from her appreciation of human encounters, encounters she fosters by virtue of her openness and receptiveness.

I believe that her artworks, which encompass her entire life beyond exhibition objects and workshops, are everything to her.

During my collaboration on her installations – in the meantime we have been working together for over twenty years – I have found the way in which she moved on from the simple viewing of an artwork to be highly stimulating. I try to link the objectives of my artistic expression more closely to the diversity in society and, since my contemporary music composition studies, have veered considerably from my ambition to earn my living solely as a composer. I am anxious to see where the visions garnered in our collaboration might take me in the future. When we met we were in our twenties; now we are in our forties. I look forward to what still lies ahead of us.

Wissenschaftliche Geruchsanalyse von Büchern

Mika Shirasu

Besuchen wir Antiquariate oder Bibliotheken, kitzelt ein altvertrauter, irgendwie schwer zu beschreibender Duft unsere Nase. Die sinnliche Wahrnehmung dieses Dufts versetzt uns in eine idyllische, beschauliche Stimmung und führt uns in die Welt der Bücher. Dieser Duft stammt in Wahrheit von den Büchern. Aber auch wenn wir pauschal vom Duft der Bücher sprechen, so hat doch jedes einzelne Buch einen eigenen, ganz individuellen Charakter, da sich in verschiedenen Prozessen unterschiedliche Geruchskomponenten in den Büchern festsetzen. Womöglich wurde es bereits von vielen Händen berührt und hat vielleicht sogar schon eine Weltreise hinter sich. Wenn man das bedenkt, ist es wohl keine Übertreibung zu sagen, dass die Geschichte eines jeden Buches in seinem Duft ihre Spuren hinterlassen hat. Diese Ausstellung will die Rätsel der Büchergerüche lüften. 70 Bücher aus verschiedenen Epochen hat die Künstlerin Hisako Inoue in Münchener Antiquariaten aufgestöbert und von Freunden geschenkt bekommen. Bei den Installationen habe ich als Wissenschaftlerin mitgewirkt. Normalerweise analysiere ich in meinem Labor an der Staatlichen Universität Tokio unter Nutzung eines Gas-Chromatografen mit Massenspektrometer (GC-MS), einer Apparatur zur Geruchsanalyse, die Körpergerüche von Menschen und Tieren (Abbildung 1). Der Körpergeruch spielt bei der Kommunikation von Tieren eine wichtige Rolle. Daher plante ich im Rahmen meiner Zusammenarbeit mit Hisako für diese Ausstellung ein Projekt, in dem ich den Körpergeruch der Bücher, das heißt den Duft der Bücher entziffern wollte, um so der Geschichte der Bücher auf die Spur zu kommen. Zunächst wurden zehn ausgewählte Bücher per Nase bewertet. Die Bewertung der Geruchsqualität, das heißt die Durchführung der olfaktorischen Sinneswahrnehmung durch dafür trainierte Testpersonen, nennt man in der Fachsprache Sensoriktest. Dabei wählten die Testpersonen mehrere Begriffe (Deskriptoren) aus, mit denen die Qualität des Geruchs der Bücher ermittelt wurde. Dann evaluierten sie die Stärke des Geruchs, der diesen Deskriptoren entspricht. Zwölf Deskriptoren wurden ausgewählt: duftend (*fragrant*), blumig & pflanzlich (*floral & herbal*), grün & grasig (*green & grassy*), erdig (*earthy*), muffig (*musty*), rauchig (*smoky*), minzig (*minty*), würzig (*spicy*), süß (*sweet*), vanillig (*vanilla*), sauer (*sour*), gebrauchte Kleidung (*used clothes*), ranzig & fischig (*rancid & fishy*). Dann wurde die jeweilige Intensität der Deskriptoren auf einer Skala von 0 bis 6 bewertet. Die Ergebnisse wurden in Netzdiagrammen dargestellt (Abbildung 2). Auf einem Ausstellungssockel im Speisesaal werden zusammen mit den zehn Büchern auch die Netzdiagramme ausgestellt. Vielleicht empfinden die Besucher die Gerüche anders als die Testpersonen. Das wäre überhaupt nicht seltsam. Denn die Testpersonen haben ihre Bewertung bereits vor vielen Monaten vorgenommen. Seither dürfte sich der Duft der Bücher verändert haben. Auch ist es möglich, dass während der Ausstellung die Intensität des Geruchs noch zunimmt, weil die Bücher direkt berührt werden. Außerdem variieren unsere olfaktorischen Fähigkeiten in Abhängigkeit von den jeweiligen im bisherigen Leben gemachten olfaktorischen Erfahrungen, unserem Umfeld sowie unserer Kultur. Die Bewertung durch die japanischen Testpersonen und die Sinneswahrnehmungen der deutschen Besucher stimmen nicht

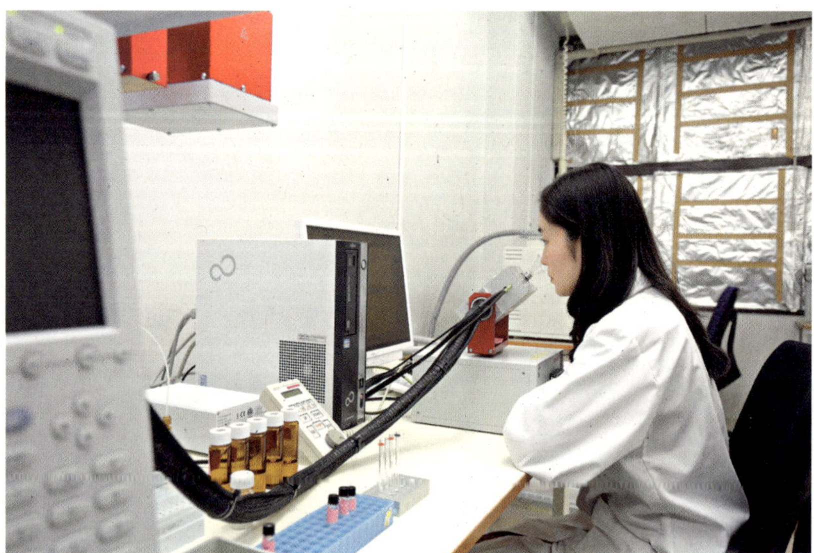

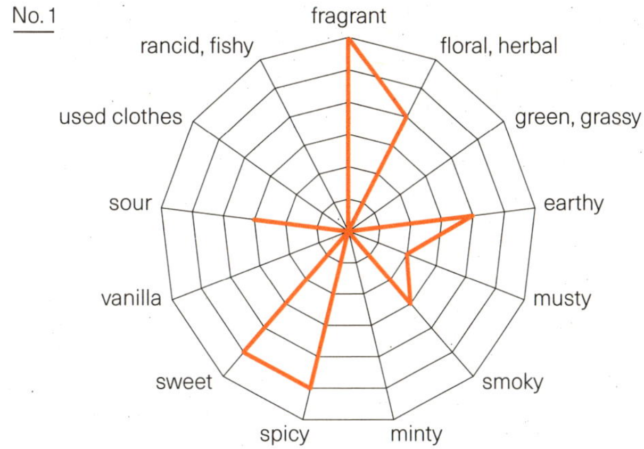

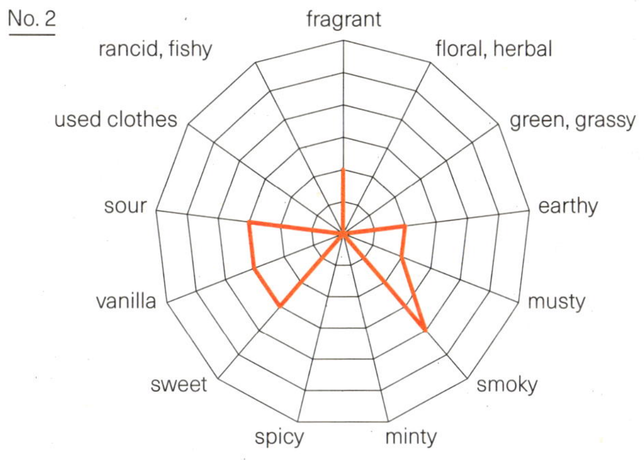

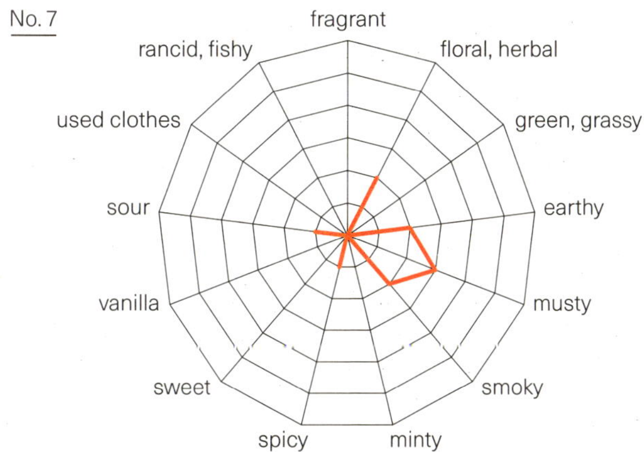

1 Geruchsanalyse in unserem Labor / *Odor analysis in our laboratory*
2 Netzdiagramme des Sensoriktests / *Spider charts of books' sensory evaluation*

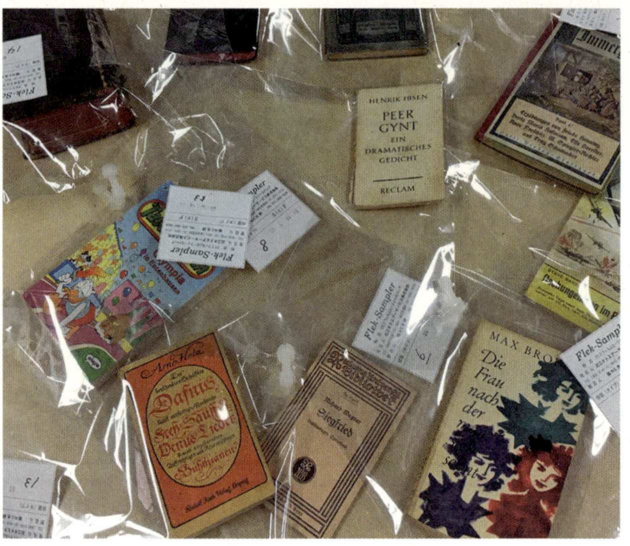

unbedingt überein. In einem zweiten Schritt analysierte ich die Geruchskomponenten der zehn ausgewählten Bücher per Gas-Chromatografen mit Massenspektrometer (GC-MS). Zuerst legte ich die Bücher jeweils in einen Beutel (*Flek Sampler*), um darin die Gerüche einzufangen (Abbildung 3), zusammen mit einem Mittel, das den Geruch adsorbieren sollte. Nach einer Ruhephase von einer Nacht legte ich die Adsorbenzien, die nun ausreichend Geruch adsorbiert hatten, in den GC-MS und führte die Analyse durch. Die Ergebnisse wurden in Diagrammen dargestellt (Abbildung 4). Die Spitzen in den Diagrammen stehen für die jeweiligen Geruchskomponenten. In jedem Buch habe ich etwa 100 bis 200 davon nachgewiesen. Im Folgenden möchte ich auf die Bücher Nr. 1, Nr. 2 und Nr. 7 näher eingehen, die sich durch einen besonders charakteristischen Geruch auszeichnen. Bei Buch Nr. 1, im Jahr 1966 publiziert (*Der Landser Sonderband Nr. 232*), wurde ein sehr angenehmer Duft (*fragrant*) wahrgenommen. Tatsächlich wurden bei der wissenschaftlichen Geruchsanalyse Galaxolide sowie Tonalid, eine Moschusverbindung, nachgewiesen, die beide oft in Parfums verwendet werden. Des Weiteren wurden Linalool und Linalylacetate, die einen blumigen Duft (*floral*) hervorbringen, Borneol mit einem erdigen Duft (*earthy*) sowie noch weitere chemische Verbindungen nachgewiesen. Dies ist ein Beispiel dafür, dass ein per Nase erschnüffelter Duft wissenschaftlich erklärt werden kann. Der Besitzer dieses Buches benutzte wahrscheinlich regelmäßig ein Parfum und

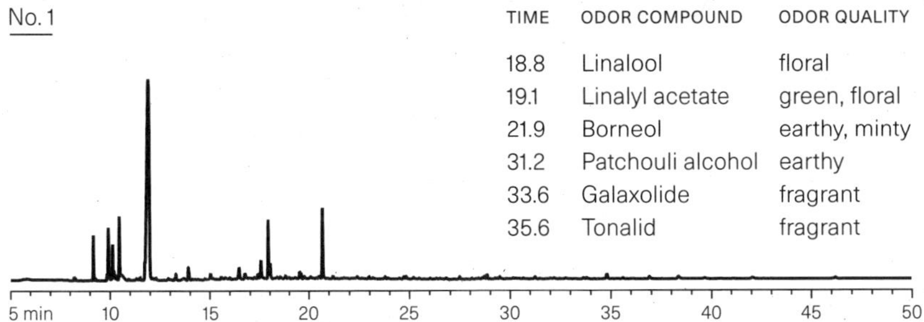

TIME	ODOR COMPOUND	ODOR QUALITY
18.8	Linalool	floral
19.1	Linalyl acetate	green, floral
21.9	Borneol	earthy, minty
31.2	Patchouli alcohol	earthy
33.6	Galaxolide	fragrant
35.6	Tonalid	fragrant

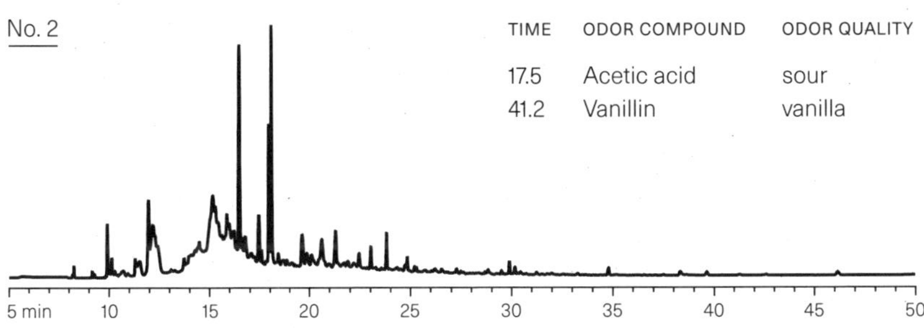

TIME	ODOR COMPOUND	ODOR QUALITY
17.5	Acetic acid	sour
41.2	Vanillin	vanilla

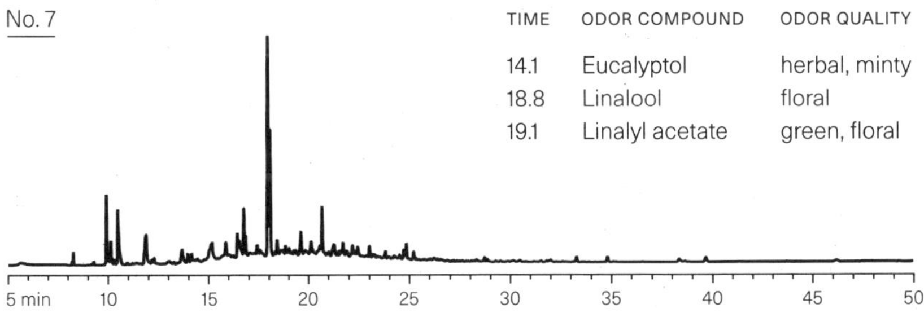

TIME	ODOR COMPOUND	ODOR QUALITY
14.1	Eucalyptol	herbal, minty
18.8	Linalool	floral
19.1	Linalyl acetate	green, floral

3 Bücher in Geruchsprobenbeuteln / *Books in odor sampling bags*
4 Geruchsanalyse im GC-MS-Gerät / *Odor analyses of books by GC-MS*

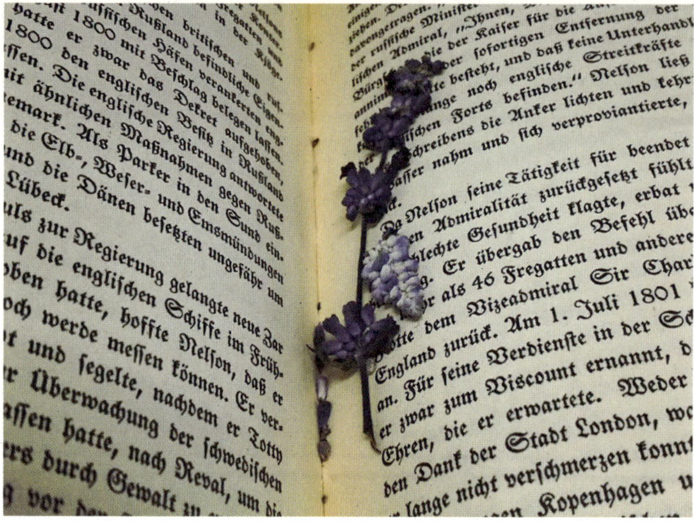

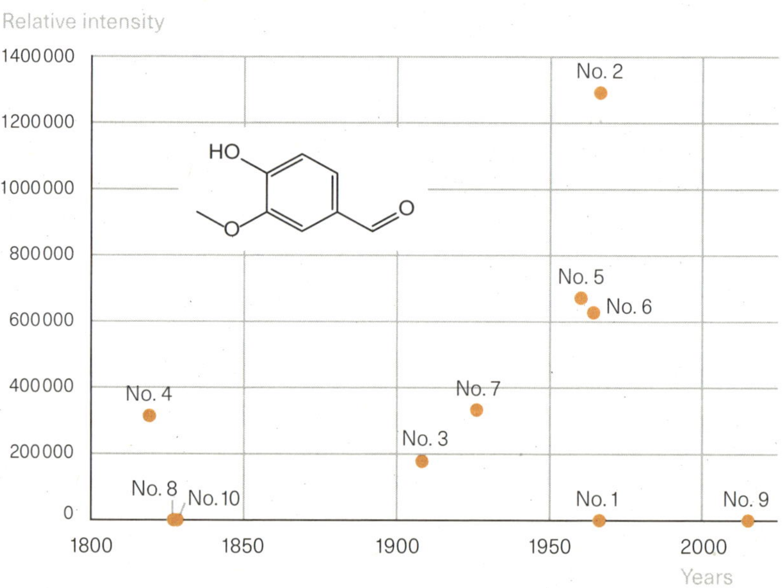

5 Lavendelblüten in den Seiten des Buches Nr. 7/
Lavender flowers put between the pages of book no. 7
6 Vanillin-Gehalt von geruchsanalysierten Büchern im GC-MS-Gerät/
Vanillin content of odor-analyzed books by GC-MS

umgab sich – womöglich sehr elegant – gerne mit Blumen. Der Duft der chemischen Verbindung Borneol weckt zudem Assoziationen an einen Regenguss oder an eine Bibliothek mit einer langen Geschichte und ruft ein Gefühl der Ruhe und des Friedens hervor. Das ebenfalls 1966 erschienene Buch Nr. 6 (*Reclams Universalbibliothek, Nr. 5643. Richard Wagner, Siegfried. Vollständiges Opernbuch. Bd. 78*) weist milde Düfte mittlerer Stärke auf, wobei die vanilleartigen, rauchigen und sauren Geschmacksnoten (*vanilla, smoky, sour*) hervorstechen. Bei der wissenschaftlichen Analyse des Duftes von Buch Nr. 2 wurde die chemische Verbindung Vanillin nachgewiesen, die einen süßen Vanilleduft aufweist. Des Weiteren wurde auch Essigsäure nachgewiesen, ein Hauptbestandteil des Essiggeruchs, womit der saure (*sour*) Duft bestätigt wurde, der am Buch wahrgenommen worden war. Obgleich das im Jahr 1926 erschienene Buch Nr. 7 (*E. M. Kircheisen: Nelson, Die Begründung von Englands Weltmachtstellung*), verglichen mit den anderen Büchern, einen schwachen Geruch aufweist, konnten wir besonders einen fauligen (*musty*), einen blumigen (*floral*) und einen herbalen (*herbal*) Duft wahrnehmen. Bei der Analyse des Duftes von Buch Nr. 7 wurden genauso wie bei Buch Nr. 1 Linalool und Linalylacetate nachgewiesen, lauter Lavendeldüfte. Tatsächlich war in Buch Nr. 7 ein Lavendelzweig verborgen (Abbildung 5). Der Vorbesitzer dieses Buches hatte ihn womöglich als Lesezeichen verwendet. Es ist schon erstaunlich, wie der Duft einer Blume von vor etwa 90 Jahren einem Buch eine authentische Geschichte verleiht.

Insgesamt wurden bei den Büchern 18 prägnante Geruchskomponenten ausgewählt: 2-Bornanon (Kampfer), trans-2-Nonenal, Essigsäure, Ambrox, Borneol, Butyl Caprylat, Eukalyptol, Galaxolid, Hexanal, Lilial, Linalool, Linalylacetat, l-Menthon, Octansäure, Patchouli-Alkohol, Thymol, Tonalid, Vanillin. Wir haben dafür gesorgt, dass all diese im Boudoir zu riechen sind. Unter den 18 Geruchskomponenten gibt es auch chemische Verbindungen, die in mehreren Büchern nachgewiesen wurden. Ich würde mich freuen, wenn Sie selbst herausfinden, wie sehr die wissenschaftlich analysierten Düfte mit den von Ihnen wahrgenommenen Gerüchen der ausgestellten Bücher übereinstimmen. Viele antiquarische Bücher weisen einen süßen, an Vanilleeis erinnernden Duft auf. Dahinter verbirgt sich die in Buch Nr. 2 nachgewiesene chemische Verbindung Vanillin. Es entsteht im Laufe der Jahre bei der Zersetzung von Lignin, einem Holzbestandteil, der als Ausgangsstoff für Papier dient. Daher ermittelten wir die jeweilige Menge an Vanillin und untersuchten, ob ein

Zusammenhang zum Erscheinungsjahr der Bücher besteht (Abbildung 6). Es stellte sich heraus, dass das Alter der Bücher und der Gehalt an Vanillin nicht unbedingt immer korreliert. Weiter stellte sich heraus, dass bei Büchern, die um 1950 erschienen sind, der süße Duft stark ausgeprägt ist. Vielleicht wurden ja in den Wirren der Nachkriegszeit Maßnahmen zum Schutz des Papiers vor Oxidation sehr locker gehandhabt, wodurch der Verfall schneller voranschreiten konnte. Auf jeden Fall zeigen unsere Ergebnisse deutlich, dass sich die Herstellungsmethoden von Papier, dem wichtigsten Element bei der Herausbildung des Dufts der Bücher, im Laufe der Zeit geändert haben.

Wie wäre es, wenn Sie anlässlich dieser Ausstellung jedes Mal, wenn Sie Bücher zur Hand nehmen, nicht nur Ihren visuellen Sinn, sondern auch Ihren Geruchs- und Ihren Gehörsinn schärfen und Ihre Gedanken in die Geschichte schweifen lassen, die sich hinter den Büchern verbirgt?

Scientific Analysis of Odors in Books

When we visit old bookstores or libraries, a familiar smell that is somehow difficult to describe tickles our noses. The sensory perception of this smell puts us in a pleasant, contemplative mood and lures us into the world of books. This smell actually comes from the books themselves. But while we speak generally of the smell of books, each individual book has its own, very distinct olfactory character, as different odoriferous components settle in the books in different processes. A book may have been touched by many hands; it may have been around the world. If we keep this mind, it is not an exaggeration to say that the history of each individual book has left a mark on its smell.

This exhibition aims to uncover the mysteries of the smells of books. The artist Hisako Inoue has unearthed seventy books in antiquarian bookstores in Munich, receiving some as presents from friends. I collaborated on the installations as a scientist. In my laboratory at the University of Tokyo I normally analyze the body odors of humans and animals using a gas chromatograph with mass spectrometer (GC-MS), a device for the analysis of smells (figure 1). Body odor plays an important role in the communication of animals. As part of my collaboration with Hisako I therefore planned a project for this exhibition in which I aimed to decipher the body odor of books and thereby trace the books' histories.

First, ten selected books were evaluated by nose. The technical term for this evaluation of odoriferous quality through olfactory sensory perception by specially trained test subjects is "sensory evaluation." The test subjects chose several terms (descriptors) that are used to determine the quality of the smell of the books. They then evaluated the strength of the smell corresponding to those descriptors. Twelve descriptors were selected: fragrant, floral & herbal, green & grassy, earthy, musty, smoky, minty, spicy, sweet, vanilla, sour, used clothes, rancid & fishy. The specific intensity of each of the descriptors was evaluated on a scale from 0 to 6. The results were visualized in spider charts (figure 2). On a display pedestal in the dining room the spider charts are presented along with the ten books. Visitors may perceive the smells differently from the test subjects. This is not unusual. After all, the test subjects did their evaluations many months ago, and it is likely that the odor of the books has changed since then. The odor may also increase in intensity during the exhibition, as the books are touched. Moreover, our olfactory abilities vary depending on our particular environment, our culture, and the olfactory experiences we have had in our lives. The evaluations of the Japanese test subjects and the sensory perceptions of the German exhibition visitors do not necessarily match.

In a second step I analyzed the odoriferous components of the ten selected books by means of gas chromatography/mass spectrometry (GC-MS). First I placed each book in a bag (*Flek Sampler*) to capture the odors (figure 3), adding an agent intended to adsorb the smell. After leaving the bags alone over night, I took the adsorbents, which by then had sufficiently adsorbed the smell, and placed them in the GC-MS to analyze them. The results were visualized in charts (figure 4). The peaks in the charts stand for the particular odoriferous components. In each book I have detected about 100 to 200 different types of components. Below I would like to discuss in greater detail books no. 1, no. 2, and no. 7, which are characterized by a particularly distinct smell. A very pleasant (fragrant) smell was perceived in book no. 1, which was published in 1966 (*Der Landser Sonderband* no. 232). In fact, galaxolide and tonalid, a musk compound, were detected in the scientific odor analysis: both are frequently used in perfumes. In addition, linalool and linalyl acetate, which produce a floral scent, borneol, which has an earthy smell, and other chemical compounds were detected. This is an example showing that the odor sniffed by nose can be scientifically explained. The (perhaps very elegant) owner of this book probably used perfume on a regular basis and liked to have flowers around. The odor of the chemical compound borneol also evokes associations with a downpour or with a library with a long history, inducing a feeling of calm and peace. Book no. 2 (Reclams Universalbibliothek, no. 5643. Opernbücher Bd. 78. *Richard Wagner, Siegfried. Vollständiges Opernbuch*, also published in 1966) has mild, medium-strength aromas, with the vanilla-like, smoky, and sour flavors standing out. The chemical compound vanillin, which produces a sweet vanilla scent, was detected in the scientific analysis of the odor of book no. 6. At the same time, acetic acid was detected, which is a main component of the smell of vinegar. This confirms the sour odor perceived in smelling the book. Although the odor of book no. 2 (E. M. Kircheisen, *Nelson, Die Begründung von Englands Weltmachtstellung*, published in 1926) is faint compared with the other books, we were able to perceive in particular a musty, a floral, and an herbal odor. As in the case of book no. 1, the analysis of the odor of book no. 7 revealed the presence of linalool and linalyl acetate, both lavender scents. In fact, a sprig of lavender was found inside book no. 7 (figure 5). The previous owner may have used it as a bookmark. It is quite astonishing how the scent of a flower picked about ninety years ago bestows an authentic history on a book.

All in all, eighteen distinctive odoriferous components were singled out among the books: 2-bornanone, trans-2-nonenal, acetic acid, ambroxan, borneol, butyl caprylate, eucalyptol, galaxolide, hexanal, lilial, linalool, linalyl acetate, l-menthone, octanoic acid, patchouli alcohol, thymol, tonalid, vanillin. We have made sure that all of these can be smelled in the boudoir. The eighteen odoriferous components include compounds that were detected in multiple books. I would love for you to find out for yourself to what extent the scientifically analyzed odors match the ones you perceive in the displayed books. Many antiquarian books have a sweet smell that is reminiscent of vanilla ice cream. This is caused by the chemical compound vanillin, which was found in book no. 2. It develops over the years as a result of the decomposition of lignin, a wood component that serves as raw material for paper. Hence we determined the respective amount of vanillin and examined whether there is a link to the year in which a book was published (figure 6). It turned out that the age of the books and the vanillin content are not necessarily correlated. It also turned out that the sweet scent is very pronounced in books published around 1950. It may be that during the turmoil of the post-war era measures to protect paper against oxidation were handled very laxly, so that deterioration could progress more rapidly. Either way, our findings clearly show that methods of paper production, which are key to the development of a book's odor, have changed over time.

How about taking this exhibition as an incentive each time you pick up a book to sharpen not just your vision but also your sense of smell and hearing and let your thoughts wander into the history that lies behind the books?

Der Geruch alter Bücher: der Geruch unseres kulturellen Erbes

Cecilia Bembibre, Matija Strlič

In einem 1930 erschienenen Buch, welches „die Nützlichkeit, den Zweck und die Freude, die von Büchern ausgehen" katalogisiert, wird das Riechen an Büchern als eines „der fünf Anzeichen der Bücherliebe" beschrieben. Der Geruch von Büchern „beschwört vergangene und zukünftige Freuden herauf" und „der muffige Geruch alten Papiers, der manche vielleicht anekelt, bringt die Seele wahrer Buchliebhaber zum Jubeln"[1].

In der Literatur wird in unzähligen Werken darauf verwiesen, wie wichtig Autoren der Geruch von Büchern und von Bibliotheken ist: von Charles Lamb, der sich an seinen ersten Besuch der Bodleian Library in Oxford erinnert („Der Geruch der alten und mottenzerfressenen Buchumschläge ist so wohlriechend wie die erste weiße Blüte jener Äpfel, die inmitten eines glücklichen Obstgartens wachsen"[2]) hin zu Ray Bradburys kategorischer Ablehnung von E-Readern: „Ich glaube einfach nicht daran. Sie haben keinen Geruch. Ein Buch hat einen Geruch. Ein neues Buch riecht fantastisch. Ein altes Buch sogar noch besser."[3] Leser diskutieren den Geruch ihrer antiquarischen Lieblingsbücher in Online-Foren: „Ich denke, wir sind so etwas wie Buchgeruch-Connaisseure … Ich vergleiche es immer mit Weinproben. Und wie wir alle wissen, ist das eine Kunst. Ich persönlich bevorzuge den Geruch vergilbten Papiers gebundener Ausgaben aus den Jahren vor 1940."[4] Sammler heben außerdem

---

1 Jackson, Holbrook, The anatomy of bibliomania, London, 1930. **2** Lamb, Charles, Essays of Elia. Iowa City, 2003. **3** Goldstein, Rachel, Q&A: „Ray Bradbury", in: TIME Magazine, 23.08.2010. **4** User ‚agentrv007' auf die Frage „Do you smell your books?" im LibraryThing-Forum, 05.04.2007, www.librarything.com/topic/10361 (31.08.2017).

die (subjektiv) wahrgenommene Verbindung zwischen dem Geruch und dem Inhalt eines Buches hervor: „Wer von uns hat sich nicht auch schon einmal am Geruch der Bücher im Regal gestärkt, wenngleich sie nicht uns gehörten."[5] Nutzer von Archiven schätzen außerdem die Möglichkeit, Dokumente in der Hand zu halten. In einer Studie des Nationalarchivs der Niederlande nannten fast 50 Prozent der Genealogen, die das Archiv regelmäßig nutzen, den Geruch als Attribut des Dokuments, welches ihnen wichtig war.

Als Folge der Digitalisierung verschwinden Bücher und Papiere heute zwar immer häufiger und immer schneller aus unseren Regalen hinein in die Bibliotheken, ihr Geruch aber bleibt – in Form von Kerzen, Ölen oder sogar Parfums.[6]

Geruch – eine Spur in die Vergangenheit

Bücher haben die Macht, ihre Leser zu beeinflussen und die Art und Weise, wie sie etwas sehen, fühlen oder die Welt wahrnehmen. Aber haben die Leser ihrerseits auch Einfluss auf die Bücher? Und, was noch viel wichtiger ist: Was können uns die Gerüche, die einem Buch oder Dokument anhaften, über die Vergangenheit mitteilen?

In dem Buch *The Social Life of Information* sind die Autoren überrascht einen Historiker dabei zu beobachten, wie er in einem Archiv an 250 Jahre alten Briefen riecht. Dies war jedoch seine Art, Ausbrüche der Cholera zu dokumentieren, da Briefe aus einer Stadt, in der die Krankheit ausgebrochen war, mit Essig desinfiziert wurden, um eine weitere Ausbreitung zu verhindern. „Heitere Briefe, die Kunden und Gläubigern versicherten, alles sei in bester Ordnung, die Geschäfte würden sehr gut laufen und die Zukunft sei rosig, bekamen plötzlich eine ganz neue Bedeutung, sobald den Seiten ein Hauch Essiggeruch entsprang"[7], merkten die Autoren an.

In einem anderen Fall entdeckten Geruchsdetektive, ein Forscherteam, „ein süßliches, irgendwie rauchiges Aroma, welches jedes Stück Papier und auch das Leder"[8] einer Kopie des Romans *Ulysses* durchdrang.

---

5 Eco, Umberto; Carriere, Jean-Claude, „This is Not the End of the Book: A conversation curated by Jean-Philippe de Tonnac", in: Vintage Digital, 05. 05. 2011. **6** Über 50 verschiedene Kerzen, Öle und Parfums gab es 2015 in London zu kaufen, die einen Raum nach alten Büchern riechen lassen. **7** Brown, Seely; Duguid, Paul, The Social Life of Information. Massachusetts, 2000, S. 173f. **8** Oram, Richard; Bishop, Edward, „The Sweet Smell of Provenance", in: Chronicle of Higher Education, September 30, 2005.

Das betreffende Buch gehörte dem britischen Offizier und Schriftsteller T. E. Lawrence. Die Forscher fanden darin Anmerkungen, Flecken und auch Krümel. Mit Hilfe von Buchkritikern und Zeitungslesern, welche darauf hinwiesen, dass der Autor nie Pfeife rauchte, fanden sie eine mögliche Lösung für den mysteriösen Geruch: Während er bei der Royal Air Force in Pakistan stationiert war, lieh Lawrence den Roman vielen Soldaten, die beim Lesen rauchten.

Dokumentation unseres olfaktorischen Erbes

Der Geruch von Büchern und Bibliotheken transportiert Bedeutung in einer Welt, in der von uns erwartet wird, in erster Linie zu sehen und erst danach zu riechen. Wie Historiker, die sich der Erforschung des historischen Stellenwerts der Sinne verschrieben haben, dokumentieren, ist der Geruchssinn ein Sinn, der in der modernen westlichen Welt chronisch unterschätzt wird. Es wird die These aufgestellt, dass seine invasive Natur die moderne Lebensweise mit ihrer Privatsphäre und ihren gezügelten Emotionen bedroht.[9] Diese Hierarchie der Sinne, in der das Sehen als Hauptsinn gilt, erstreckt sich auch auf den Bereich des kulturellen Erbes. Ab dem 19. Jahrhundert besuchten immer mehr Menschen Museen (und wurden dadurch auch zu einer größeren Bedrohung für die ausgestellten Werke); daher begannen die Museen verstärkt neue Technologien zu nutzen, die es den Besuchern erlaubten, die Exponate aus einer gewissen Distanz zu betrachten und so Ausstellungen möglich machten, in denen die Besucher die Objekte nicht mehr berührten.[10]

Und dennoch nehmen wir jeden Tag Hunderte von Gerüchen wahr und nutzen die so transportierten Informationen, um uns in unserem Umfeld zu bewegen. Sie beeinflussen die Art wie wir fühlen, wie wir denken und wie wir uns verhalten[11], aber auch unsere Wahrnehmung. Außerdem können Gerüche uns dabei unterstützen, mit der Vergangenheit in Verbindung zu treten: Sie schaffen emotionale Erinnerungen.[12]

---

9 Classen, Constance u. a., Aroma: The Cultural History of Smell. London und New York, 1994. **10** Bacci, Francesca; Pavani, Francesco, „First Hand not First Eye Knowledge: Bodily Experience in Museums", in: Levant, Nina; Pascual-Leone, Alvaro, Multisensory Museum: Cross-Disciplinary Perspective on Touch, Sound, Smell, Memory and Space. Lanham, 2014. **11** Doucé, Lieve; Janssens, Wim, „The Presence of a Pleasant Ambient Scent in a Fasion Store", in: Environment and Behavior, 2013; Bd. 45 (2), S. 215 ff.; Classen, Constance u. a., Aroma: The Cultural History of Smell. London und New York, 1994; Baines, Lawrence, A Teachers Guide to Multisensory Learning. Improving Literacy by Engaging the Senses. Alexandria, 2009.

Die Charta von Burra[13] erkennt den Wert von Gerüchen als kulturelles Erbe an. Sie wertet Gerüche als einen Aspekt mit kultureller Signifikanz (eine Messung des Werts, den ein Ort für die Menschen hat). Die meisten Länder haben keine Strategie, um ihr olfaktorisches Erbe zu identifizieren, zu schützen und zu dokumentieren. Japan schon. Die japanische Bevölkerung wählte 2011 die 100 ‚Orte guten Geruchs' – diese Orte werden seitdem als kulturelles Erbe geschützt und auch beworben.[14] Frankreich stellte 2016 bei der UNESCO den Antrag, die Fähigkeiten, das Wissen und auch die Praktiken hinsichtlich der Parfumherstellung in der Region Grasse als unantastbares Erbe registrieren zu lassen.[15] Jüngst wurden einige sehr inspirierende Projekte ins Leben gerufen, um ein Bewusstsein für die Bedeutung von Gerüchen an Stätten kulturellen Erbes zu schaffen. Eine Geruchskartierung der Stadt Amsterdam unter der Leitung der Künstlerin Kate McLean bietet „das Erleben einer Stadt, bei dem sich die Interaktion des Menschen mit seiner Umwelt für eine kurze Zeit weg vom seh-zentrischen Wahrnehmen zu einem riech-zentrischen Wahrnehmen verlagert."[16] Auf ähnliche Weise dokumentieren Spaziergänge und Interviews das olfaktorische Erbe des Gewürzmarkts in Istanbuls Großem Bazar. Sie beschreiben die Gerüche und deren Bedeutung für die Identität des Marktes sowie der ansässigen Händler, thematisieren die Veränderung der Gerüche im Laufe der Zeit und stufen diese sensorische Information zum Markt als Teil eines unantastbaren Erbes ein.[17]

Die Herangehensweisen, die im Laufe dieser Studien entwickelt werden, sind essentiell, wenn es darum geht, Rahmenbedingungen für die Dokumentation von Gerüchen zu schaffen. Die Aufzeichnung der

---

12 Stevenson, Richard, „The Forgotten Sense", in: Levant, Nina; Pascual Leone, Alvaro, The Multisensory Museum: Cross Disciplinary Perspective on Touch, Sound, Smell, Memory and Space. Lanham 2014 und Herz, Rachel, „Are Odors the Best Cues to Memory? A Crossmodal Comparison of Associative Memory Stimuli", in: Annals of the New York Academy of Sciences 855 (1): S. 670 ff. **13** Die Charta von Burra: Charta über den denkmalpflegerischen Umgang mit Objekten von kultureller Bedeutung (ICOMOS Komitee Australien). **14** Ministry of the Environment, Government of Japan: New Policy Development from the Viewpoint of Sensory Environment (2006). **15** UNESCO: Les savoir-faire liés au parfum en Pays de Grasse: la culture de la plante à parfum, la connaissance des matières premières et leur transformation, l'art de composer le parfum (2015), http://www.unesco.org/culture/ich/index.php?lg=en&pg=00554 (18.08.2015). **16** McLean, Kate, Smellmap: Amsterdam – Olfactory Art and Smell Visualization. Leonardo, Bd. 50 (1), 2017. **17** Davis, Lauren; Thys-Şenocak, Lucienne, „Heritage and scent: research and exhibition of Istanbul's changing smellscapes", in: International Journal of Heritage Studies, Bd. 23 (8), 2017.

menschlichen Wahrnehmung der Gerüche (Beschreibung, Intensität, hedonische Geruchswirkung oder auch Angaben dazu wie angenehm ein Geruch ist) ermöglichen es uns zu verstehen, welche Bedeutung ein Geruch an einem bestimmten Ort zu einer bestimmten Zeit hat. Wenn wir uns allerdings mit den Gerüchen der Vergangenheit beschäftigen, so haben wir selten Zugang zu diesen Informationen. Moderne Rekonstruktionen historischer Gerüche müssen immer im Bewusstsein betrachtet werden, dass der Originalkontext verloren ist und unsere moderne Wahrnehmung des Geruchs sich möglicherweise sehr stark von den Assoziationen der Menschen, die früher lebten, unterscheidet.[18]

Als Teil eines neuen Rahmenwerks zur Identifizierung, Untersuchung und Konservierung jener Gerüche, die möglicherweise eine tiefere Bedeutung transportieren und von historischer Bedeutung sind, haben wir vor Kurzem eine Fallstudie zum Geruch von Büchern und einer historischen Bibliothek veröffentlicht.[19] Bevor wir allerdings die Ergebnisse dieser Studie präsentieren, erscheint es sinnvoll, einen Blick auf die möglichen Quellen, die mit dem Geruch von Büchern assoziiert werden, zu werfen.

Was versteht man unter dem Geruch von Büchern?

Betrachtet man die chemischen Prozesse, so ist der Geruch alter Bücher das Ergebnis diverser Verbindungen, die sozusagen Abgase entwickeln und so dem Objekt entströmen. Diese werden als flüchtige organische Verbindungen (‚volatile organic compounds', Abkürzung: VOCs) bezeichnet. Sie werden oft studiert, wenn es darum geht, Zusammenhänge zwischen den chemischen Verbindungen und dem Zustand eines Buches zu finden, was Konservatoren wertvolle Informationen liefern kann.[20] Zu den am häufigsten identifizierten chemischen Verbindungen gealterten Papiers gehören Essigsäure, Furfural, Benzaldehyd, Hexanal, Nonanal und Undekan; dies hängt jedoch von der Zusammensetzung

---

18 Smith, Mark, „Producing Sense, Consuming Sense, Making Sense: Perils and Prospects for Sensory History", in: Journal of Social History, Bd. 40 (4), S. 841 ff. **19** Bembibre, Cecilia; Strlič, Matija, „Smell of heritage: a framework for the identification, analysis and archival of historic odours", in: Heritage Science, Bd. 5 (2). **20** Strlič, Matija u. a., „Material degradomics: on the smell of old books", in: Analytical chemistry, Bd. 81 (20), 2009, S. 8617 ff. und Fenech, Ann u. a., „Volatile Aldehydes in Libraries and Archives", in: Atmospheric Environment, Bd. 44 (17), 2010, S. 2067 ff.

des Papiers ab, von der Bindung und auch davon wie das Buch behandelt wurde.[21]

Neben dem Geruch des Papiers kann es weitere Gerüche geben, die ihren Ursprung im Material haben, das zum Binden des Buches verwendet wurde. So ist bei der Diskussion historischer Bücher und Bibliotheken oft russisches Leder der assoziierte Geruch – Leder, das speziell behandelt wurde, um es zum Binden von Büchern verwenden zu können. Russisches Leder wurde im 18. und 19. Jahrhundert nach Westeuropa exportiert. Es war meist weich, rot, mit einer netzartigen Textur und wurde aufgrund seiner Geschmeidigkeit und Widerstandskraft gegen Luftfeuchtigkeit und Insekten sehr geschätzt. Das Aroma der mit Birkenöl behandelten Tierhaut war eine der Eigenschaften, die es so attraktiv und einprägsam machte.[22]

Betrachtet man Archive, Bibliotheken und andere Orte, die Bücher aufbewahren, so gibt es zusätzliche Quellen flüchtiger organischer Verbindungen (VOCs), wie zum Beispiel die Möbel oder Textilien, die zur Komplexität des Geruchs eines Raums beitragen.

Der Geruch eines historischen Buchs und einer Bibliothek

Unsere Fallstudie beschäftigte sich mit einer Ausgabe aus den 1920er-Jahren (Panait Istrati: *Les Chardons du Baragan*, Bernard Gasset, Paris, 1928) und einer Bibliothek, die Teil des kulturellen Erbes ist (St Paul's Cathedral Library). Die flüchtigen organischen Verbindungen (VOCs) beider wurden mit Hilfe einer Kopfraum-Festphasenmikroextraktion (HS-SPME) und einer Gas-Chromatografie mit Massenspektrometrie-Kopplung (GC-MS) analysiert. Die Ergebnisse zeigten chemische Verbindungen, von denen viele dem Abbauprozess des Papiers entsprachen. Die chemische Zusammensetzung des Geruchs wurde zur Archivierung und für eine mögliche spätere Rekonstruktion dokumentiert.

Um die oben genannte Studie zu ergänzen, führten wir zwei weitere Experimente durch. Zunächst extrahierten wir den Geruch des Buches und füllten ihn in ein Gefäß, welches wiederum den Geruch freisetzte. Das Gefäß wurde nicht beschriftet, so dass es keinerlei Hinweise darauf gab, woher der Geruch ursprünglich stammte. Wir ließen 79 Besucher

---

21 Ebd. **22** „Cuir", in: Le Grand Dictionnaire Universel du XIXe Siècle, V, hrsg. von Pierre Larousse Paris, 1869, S. 625 ff.

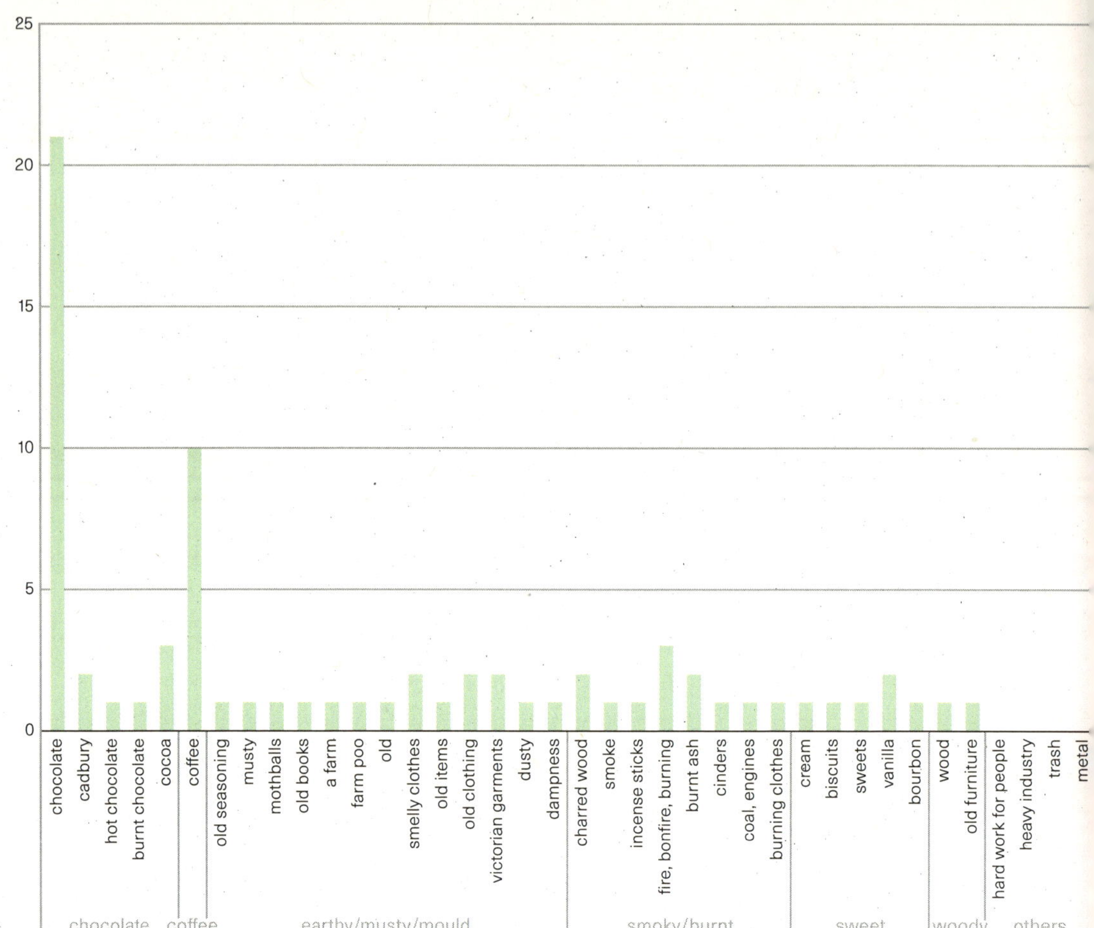

1 Ergebnisse des Sensoriktests eines historischen Buches im Birmingham Museum/*Results of sensory evaluation of the smell of a historic book at Birmingham Museum and Art Gallery*

einer Kunstgalerie in Birmingham (Birmingham Museum and Art Gallery, BMAG) an dem Gefäß riechen und baten sie, den Geruch zu beschreiben und die Quelle des Geruchs zu identifizieren.[23] Wir konnten 120 Deskriptoren sammeln. Die meisten Besucher beschrieben den Geruch als ‚Schokolade' oder ähnliches. ‚Kaffee' war der am zweithäufigste genannte Deskriptor; andere Assoziationen reichten von ‚alt' bis ‚Holz' und selbst ‚verbrannt', ‚vergammelte Socken' und ‚Brandy' wurden genannt (siehe Abbildung 1). Zunächst hat es den Anschein, als würden die am häufigsten genannten Deskriptoren auf andere Quellen verweisen. Tatsächlich ist es aber so, dass Kaffee und Schokolade prinzipiell aus fermentiertem, geröstetem natürlichen Lignin und Produkten bestehen, die Zellulose enthalten, und daher viele organische Verbindungen aufweisen, die auch zerfallendes Papier aufweist.

Die St Paul's Cathedral Library diente als Schauplatz für das zweite Experiment – aufgrund des intensiven Geruchs, der oft im Besucherbuch erwähnt wird („Was für ein wundervoller Ort! Ich kann das Wissen förmlich einatmen"; „Wir können den Geruch der Geschichte, den Duft des kulturellen Erbes riechen und so eine Verbindung mit vergangenen Seelen eingehen"; „Stadtführer-Trainees – wir alle liebten den Geruch der wunderschönen Bibliothek").

In diesem Experiment wurden Testpersonen gebeten, aus einer Liste mit 21 Deskriptoren diejenigen auszuwählen, die dem Geruch des Ortes am ähnlichsten seien. Obwohl die chemische Analyse der VOCs der Bibliothek ähnliche oder identische Verbindungen wie bei der Analyse alter Bücher ergab, waren die sensorischen Beschreibungen des Geruchs erstaunlich anders.

Alle Beurteiler beschrieben den Geruch als ‚holzig', die meisten nannten außerdem ‚rauchig' und ‚erdig'. Knapp weniger als die Hälfte waren der Meinung, dass der Geruch auch eine ‚Vanille'-Note habe (Abbildung 4). Diese Ergebnisse stimmen mit vorhergegangenen Untersuchungen überein und verweisen auf den Einfluss verbaler sowie visueller Hinweise bei der Beschreibung von Gerüchen.[24] Betrachtet man die hedonische Geruchswirkung, so beschrieben mehr als 70 Prozent

---

23 Bembibre, Cecilia; Strlič, Matija, „Smell of heritage: a framework for the identification, analysis and archival of historic odours", in: Heritage Science, Bd. 5 (2). **24** Herz, Rachel, „The Effect of Verbal Context on Olfactory Perception", in: Journal of Experimental Psychology: General, Bd. 132 (4), 2003, S. 595 ff.

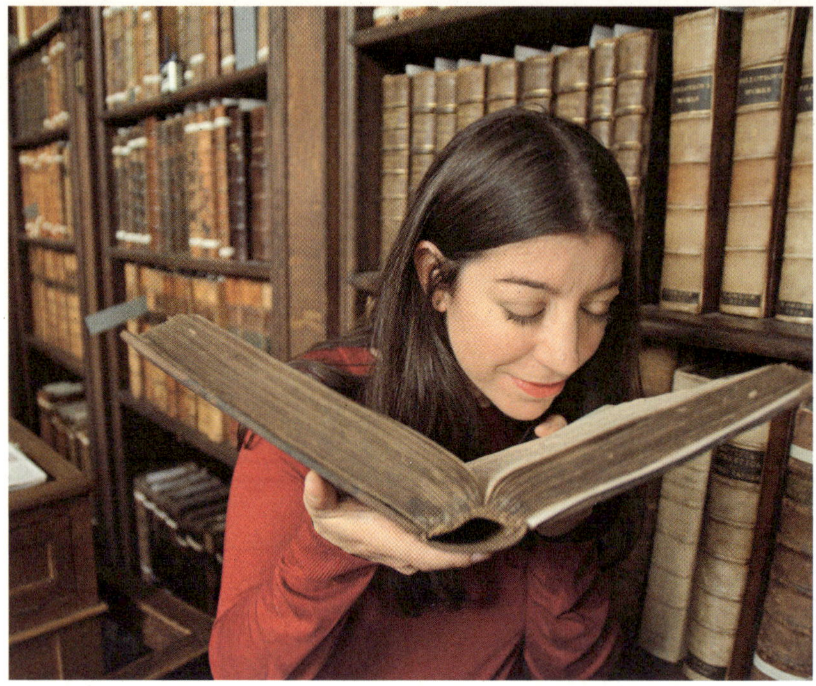

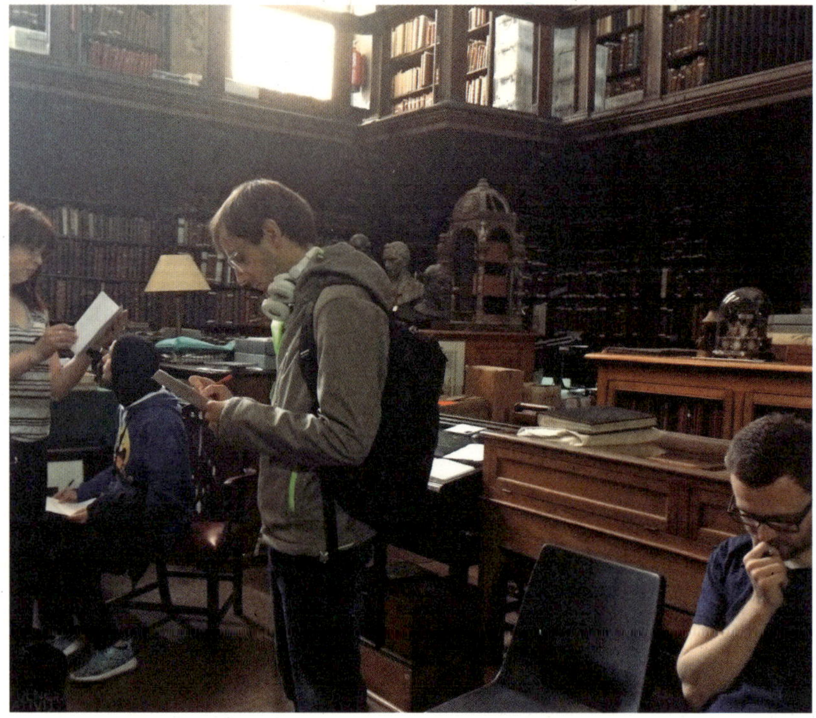

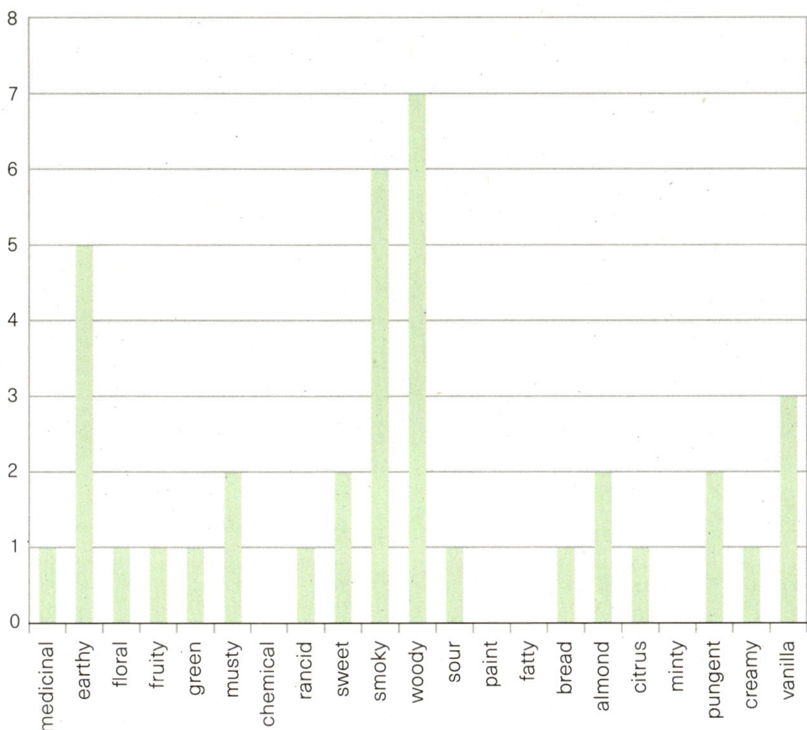

2 Cecilia riecht an einem historischen Buch in der St Paul's Cathedral/
Cecilia smelling a historic book at St Paul's Cathedral Library
3 Sensoriktest in der Bibliothek der St Paul's Cathedral/
Sensory panel evaluation taking place at St Paul's Cathedral Library
4 Ergebnisse des Sensoriktests in der St Paul's Cathedral/
Results of sensory evaluation of the library at St Paul's Cathedral Library

der Beurteiler den Geruch als ‚angenehm'. 14 Prozent bewerteten ‚leicht angenehm' und 14 Prozent ‚neutral'.

Fazit

Die Bedeutung, die wir dem Geruch von Büchern zuschreiben, ist bestens bekannt. Sie ist ein wesentlicher Bestandteil dessen, wie wir unsere ganz persönliche Büchersammlung wahrnehmen und wie wir Bibliotheken empfinden. Indem wir unsere Büchersammlungen digitalisieren, wird ein Duft, der einst ‚heimisch' war, plötzlich schwer fassbar, so wird unsere Wahrnehmung dieses Geruchs vielleicht auch von einer gewissen Nostalgie getrübt. Derzeit ist es besonders wichtig, Wege zu finden, den Geruch zu analysieren und zu dokumentieren, seine Bedeutung zu erforschen und seinen Stellenwert als Teil unseres olfaktorischen Erbes anzuerkennen.

The Smell of Old Books: a Heritage Scent

In a 1930s book cataloguing the "usefulness, purpose, and pleasures that proceed from books," smelling books is described as one of "the five ports of book-love." The fragrance of books "recalls joys past and to come" and "the mustiness of old paper, which might nauseate some, rejoices the soul of the true bookman."[1]

In literature, there are countless mentions of the value writers place in the aroma of books and of libraries: from Charles Lamb recalling his first visit to the Bodleian Library in Oxford ("The odor of their old moth-scented coverings is as fragrant as the first bloom of those sciential apples which grew amid the happy orchard"[2]) to Ray Bradbury's dismissal of e-readers: "I don't believe in those. They don't smell. A book has got smell. A new book smells great. An old book smells even better."[3] Readers discuss the smells of their favorite vintage books in online forums: "I'd like to think we're book sniffer connoisseurs ... I always compare it with wine tasting. As you all know, it's really an art. Personally, I prefer the pre-nineteen-forties yellowing paper smell on hardbacks."[4] Collectors highlight the perceived connection between the smell and the content of the book: "Which of us hasn't drawn sustenance from the simple smell of the books on the shelves, despite them not belonging to us?"[5] Archive users also value the opportunity of physically handling documents. In a recent study conducted in the National Archives of the Netherlands, almost fifty percent of genealogists using the archives cited smell as an attribute of the document that was important to them.

Today, even as the books and papers retreat from our shelves into the library as a consequence of digitization, their smell lingers in the form of candles, oils or even perfume.[6]

---

1 Holbrook Jackson, The anatomy of bibliomania. Soncino Press. London, 1930. **2** Charles Lamb, Essays of Elia. University of Iowa Press. Iowa City, 2003. **3** Rachel Goldstein, Q&A: Ray Bradbury. TIME Magazine, August 23, 2010. **4** 'agentrv007' on the topic "Do you smell your books?", LibraryThing forum, April 5, 2007, www.librarything.com/topic/10361 (accessed August 31, 2017). **5** Umberto Eco; Jean-Claude Carriere, This is Not the End of the Book: A conversation curated by Jean-Philippe de Tonnac. Vintage Digital, May 5, 2011. **6** In London in 2015 there were over fifty candles, oils and perfume available to the public tomake a space smell like book.

Smell as a Trace of the Past

Books can greatly influence their readers, transforming the way they see, feel and imagine the world. Do readers have any effect on the books? And, more relevantly, what can the smells left on a book or a document tell us about its past?

In *The Social Life of Information*, the authors are surprised to see a historian sniffing 250-years-old letters while working in an archive. It was his way of documenting outbreaks of cholera, since letters from a town with the disease were disinfected with vinegar to prevent the spreading of the disease. "Now cheery letters telling customers and creditors that all was well, business thriving, and the future rosy read a little differently if a whiff of vinegar came off the page"[7], noted the authors.

In another case of smell detectives, a team of researchers traced "a sweet, somewhat smoky aroma that suffuses every bit of paper and leather"[8] from a copy of the novel *Ulysses*. This book in particular had belonged to the British officer and author T. E. Lawrence, and it also featured annotations, smudges and crumbs. With the help of book critics and newspaper readers – who alerted the researchers that the writer never smoked a pipe – the team found a possible solution for the mystery smell. It is believed that, while stationed in the Royal Air Force in Pakistan, Lawrence lent his novel to many soldiers who smoked while reading it.

Documenting our Olfactory Heritage

The smell of books and libraries carry meaning to us in a world where we are asked to look first, and smell later. As documented by sensory historians, olfaction has been a sense undervalued in modern times in the West; it has been proposed that its invasive nature threatens the modern way of life and its focus on privacy and contained emotions.[9] This hierarchy of senses, where sight is the primary method of engagement, extends to the field of cultural heritage. Since the nineteenth century, with more public visiting (and posing higher risks to collections), museums have relied on new technologies that permit appreciation from a

---

7 Seely Brown; Paul Duguid, The Social Life of Information. Harvard Business School Press. Massachusetts, 2000, pp. 173–74. **8** Richard Oram; Edward Bishop, The Sweet Smell of Provenance. Chronicle of Higher Education, September 30, 2005. **9** Constance Classen et al., Aroma: The Cultural History of Smell. Routledge. London and New York, 1994.

distance, and therefore make exhibitions possible without visitors needing to handle objects.[10]

And yet, we perceive hundreds of smells every day, and use the information to engage with our surroundings. They influence the way we feel, think and behave,[11] as well as the way we see others and ourselves. In addition, the strong connection between olfaction and memory shows that smells can help us connect with the past: they create emotional memories.[12]

In heritage guideline documents, the value of smells as part of the identity of a place or practice is recognized by the Burra Charter,[13] where it is seen as an aspect of cultural significance (a measure of the value that a place has to people). Most countries don't have a strategy to identify, protect and document olfactory heritage. Japan does. The public elected 100 "places of good fragrance" in 2011, and they have since been protected and promoted as part of the country's cultural heritage.[14] France applied in 2016 for the skills, knowledge and practices associated with perfume making in the region of Grasse to be recognized as intangible heritage by UNESCO.[15] Recently, several inspiring projects were developed to raise awareness about the significance of smells in heritage sites. A smell-mapping of the city of Amsterdam led by artist Kate McLean offers "an experience of a city from the lived-in perspective in which the human relationship with environment is temporarily shifted

---

10 Francesca Bacci; Francesco Pavani, "First Hand not First Eye Knowledge: Bodily Experience in Museums", in: eds. Nina Levant; Alvaro Pascual-Leone, The Multisensory Museum: Cross-Disciplinary Perspective on Touch, Sound, Smell, Memory and Space. Rowman and Littlefield. Lanham, 2014. **11** Lieve Doucé; Wim Janssens, "The Presence of a Pleasant Ambient Scent in a Fasion Store", in: Environment and Behavior, 2013: vol. 45 (2), pp. 215–23; Constance Classen et al., Aroma: The Cultural History of Smell. London und New York, 1994; Lawrence Baines, A Teachers Guide to Multisensory Learning. Improving Literacy by Engaging the Senses. ASCD. Alexandria, 2009. **12** Richard Stevenson, "The Forgotten Sense", in: eds. Nina Levant; Alvaro Pascual-Leone, The Multisensory Museum: Cross Disciplinary Perspective on Touch, Sound, Smell, Memory and Space. Rowman and Littlefield. Lanham 2014 and Rachel S. Herz, "Are Odors the Best Cues to Memory? A Cross-modal Comparison of Associative Memory Stimuli", in: Annals of the New York Academy of Sciences 855 (1), November 1998, pp. 670–74. **13** The Burra Charter: the Australia ICOMOS Charter for Places of Cultural Significance, 1999. **14** Ministry of the Environment, Government of Japan: New Policy Development from the Viewpoint of Sensory Environment (2006). **15** UNESCO: Les savoir faire liés au parfum en Pays de Grasse: la culture de la plante à parfum, la connaissance des matières premières et leur transformation, l'art de composer le parfum (2015), available online from http://www.unesco.org/culture/ich/index.php?lg=en&pg=00554 (accessed August 18, 2017).

from ocularcentric to olfactocentric."[16] Similarly, a series of walks and interviews to document the olfactory heritage of the Spice Market in Istanbul's Grand Bazaar. They describe the scents and their significance in the identity of the market and its stakeholders, point out the changes in the smells that have occurred over a period of time and characterize the sensory information of the market as part of an intangible heritage.[17]

The methodologies being developed by these studies are essential to build a framework for smell documentation. Recording human perceptions of the smells (descriptions, intensity, hedonic tone, or the pleasantness of the smell) allows us to understand the significance of a scent at a certain place and time. When dealing with the smells of the past, we rarely have access to this information. Modern reconstructions of historical smells need to be considered with the awareness that the original context has been lost and our sensibility to the scent might be very different from that of the people alive at that time.[18]

As part of a new framework to identify, study and preserve those smells that might carry meaning and be historically significant, we recently presented a case study on the smell of books and a historical library.[19] Before discussing the results of the study, it might be helpful to look at the possible sources associated with the smell of books.

What is the Smell of Books?

The smell of old books is a result of, in chemical terms, a series of compounds that off-gas from the material object. These are known as volatile organic compounds (VOCs) and have often been studied with a focus on correlations between the compounds and the state of the book, resulting in valuable information for conservators.[20] Among the most frequent compounds identified from ageing paper are acetic acid,

---

16 Kate McLean, "Smellmap: Amsterdam: Olfactory Art and Smell Visualization" Leonardo, 50(1), pp. 92–93. Online version: http://doi.org/10.1162/LEON_a_01225 (accessed September 24, 2017). **17** Lauren Davis; Lucienne Thys-Şenocak, "Heritage and scent: research and exhibition of Istanbul's changing smellscapes", in: International Journal of Heritage Studies, vol. 23 (8), 2017, pp. 723–41. **18** Mark Smith, "Producing Sense, Consuming Sense, Making Sense: Perils and Prospects for Sensory History", in: Journal of Social History, vol. 40 (4), 2007, pp. 841–58. **19** Cecilia Bembibre; Matija Strlič, "Smell of heritage: a framework for the identification, analysis and archival of historic odours", in: Heritage Science, vol. 5 (2). **20** Matija Strlič, Matija et al., "Material degradomics: on the smell of old books", in: Analytical chemistry, vol. 81 (20), 2009, pp. 8617–22 and Fenech, Ann et al., "Volatile Aldehydes in Libraries and Archives", in: Atmospheric Environment, vol. 44 (17), 2010, pp. 2067–73.

furfural, benzaldehyde, hexanal, nonanal, and undecane, although these depend on the paper composition, binding and interventions that the book might have gone through.[21]

In addition to the smells of paper, there can be other associated odors from the materials used to bind the book. For example, when discussing historical books and libraries, the smell often associated with them is of Russian leather, a skin that had undergone a special treatment to be used in bookbinding. Russian leather was exported to Western Europe in the eighteenth and nineteenth centuries. It was usually soft, red, with a reticular texture, and valued for its suppleness, resistance to humidity and insects. The aroma of the hide treated with birch oil was one of the qualities that made it attractive and memorable.[22]

In the case of archives, libraries and other spaces containing books, additional sources of VOCs, such as furniture and textiles, add complexity to the scent of a place.

The Smell of a Historical Book and a Library

Our case study focused on a 1920s novel (Panait Istrati, Les Chardons du Baragan (Paris: Bernard Gasset, 1928) and a heritage library space (St Paul's Cathedral Library). The VOCs from both were analyzed using headspace solid-phase microextraction (HS-SPME) and gas chromatography-mass spectrometry (GC-MS). The results showed a range of chemical compounds, many of which were consistent with paper degradation. The chemical composition of the smell was documented for archival and future reconstruction purposes.

In order to complement the above study, we conducted two experiments to understand how people perceived the smells of the book and the library space. First, we extracted the smell of the book and placed it in a small metal container that released the fragrance. The container was unlabeled, so there was no clue as to the original source of the smell. We presented this smell to 79 visitors to an art gallery in Birmingham (Birmingham Museum and Art Gallery, BMAG), asking them to describe the odor and identify the source.[23] We collected 120 descriptors; most people described the smell as 'chocolate' or similar. 'Coffee' was the

---

21 Ibid. **22** "Cuir", in: Le Grand Dictionnaire Universel du XIXe Siècle, V, ed. Pierre Larousse Paris, 1869, pp. 625–627. **23** Cecilia Bembibre; Matija Strlič, "Smell of heritage: a framework for the identification, analysis and archival of historic odours", in: Heritage Science, vol. 5 (2).

second preferred descriptor; others ranged from 'old' to 'wood', covering 'burnt', 'rotten socks' and 'brandy' (see figure 1). Although the most frequent descriptors might point to different sources, coffee and chocolate come from fermented/roasted natural lignin and cellulose-containing products and they share many VOCs with decaying paper.

St Paul's Cathedral Library was chosen for the second experiment, conducted at a later date, because of the intense smell which was often mentioned in the visitors book ("Amazing place! I can inhale the knowledge;" "We can smell the history, the fragrance of heritage and our communion with souls of the past;" "City guide trainees we all loved the smell of the beautiful library.)"

There, a panel of assessors were asked to select from a given list of 21 descriptors those they thought most representative of the smell of the space. Although a chemical analysis of the VOCs of the library resulted in the identification of similar or identical compounds to those observed in the analysis of old books, the sensory descriptions of the smell were quite different.

All of the evaluators described the odor as 'woody' with most of them also selecting 'smoky' and 'earthy.' Just under half thought the smell also had a note of 'vanilla' (figure 4). These results are consistent with previous research indicating an influence of verbal and visual cues on odor descriptions.[24] In terms of hedonic tone, over seventy percent of the assessors described the smell as 'pleasant.' Fourteen percent rated it as 'mildly pleasant' and fourteen percent as 'neutral.'

Conclusions

The significance we place on the smell of books is well established. It is an important part of how we experience our personal books and how we engage with the space of a library. As we make our collections digital, an aroma that was once domestic is once again becoming elusive, and there might be certain nostalgia to our appreciation of it. At this time, it is especially important to explore ways in which we can analyze and document the scent, explore its meaning and recognize its value as part of our olfactory heritage.

---

24 Rachel Herz, "The Effect of Verbal Context on Olfactory Perception", in: Journal of Experimental Psychology: General, vol. 132 (4), 2003, pp. 595–606.

Wenn der Wissenskörper altert

Mădălina Diaconu

Wer kennt (und liebt) nicht den Geruch neuer Bücher? Lange bevor man sie zum Verkauf in Folie einschweißte, war ihr unverwechselbarer Geruch ein Zeichen ihrer Unberührtheit. Mit geschlossenen Augen am Papier zu schnuppern, gehörte zur Vorfreude der Lektüre; wenn dann gar noch die Seiten mit einem Papiermesser aufgeschnitten werden mussten, gab das Buch seinen Geruch noch intensiver frei. Diese erste Begegnung mit den Wissenspheromonen eines Buchs war eine rein private Erfahrung, die kein Wissen vermittelte und am besten vor den Augen der Öffentlichkeit zu verbergen war: Der Prozess der Zivilisation[1] hatte sich durchgesetzt. Die westliche Moderne tabuisierte nämlich den Geruchssinn und stempelte ihn als animalisch ab; auch theoretisch wurde er als unwürdig erachtet und die Gerüche wurden pauschal in gute und schlechte eingeteilt: Die guten (künstliche Düfte) hatten die schlechten (etwa körperliche Ausdünstungen) zu verdrängen und zu überdecken. Am besten aber war es, nichts und nach gar nichts zu riechen.

1. Lust und Information: Körperwissen und Wissenskörper

Inzwischen haben die Rehabilitierung der Sinnlichkeit und der Emotionen, die Befreiung vom Puritanismus und die postkoloniale Offenheit für andere Kulturen der Nase dazu verholfen, freier zu atmen und öffentlich aufzutreten. Die Naturwissenschaftler machten als die einzigen, die auch früher bei der Untersuchung der Olfaktorik weniger gehemmt waren, bahnbrechende physiologische Entdeckungen und entkräfteten die kantische Abwertung des Geruchssinns als den „undankbarsten“ und sogar „entbehrlichsten“ aller Sinne[2]. Zwar mag er heute weniger in

---

1 Elias, Norbert, Über den Prozess der Zivilisation I, Frankfurt am Main, 1969. 2 Kant, Immanuel, „Anthropologie in pragmatischer Hinsicht“, in: Werke. Akademie-Textausgabe VII, Berlin, 1968, §22, S. 158.

seiner „prüfend-bestimmenden“ Funktion[3] nützlich sein, d. h. um Gutes vom Schlechten zu unterscheiden und vor Gefahr zu warnen – das Haltbarkeitsdatum von Lebensmitteln steht auf der Verpackung und die Atomgefahr riecht nicht. Nichtsdestoweniger aber lassen sich olfaktorische Lust- und Unlusterlebnisse kaum steuern. Bislang verachtete Tiere versetzen uns in Staunen mit ihrem olfaktorischen Spürsinn. Sogar die eigene Erfahrung mit Gerüchen überrascht uns, wie einst Marcel Proust, als ihn das Aroma einer in Lindentee getauchten Madeleine in die Kindheit zurückversetzte[4]. Die Mechanismen des olfaktorischen Gedächtnisses werden in den „Smell Studies“ immer noch heftig debattiert: Lassen sich Gerüche speichern und abrufen wie die mentalen Bilder für das Gesehene – oder anders?

Auch menschliche Körpergerüche und die spontanen, häufig unbewussten Reaktionen auf sie beschäftigen die Wissenschaften, wohl nicht völlig losgelöst von therapeutischen, kommerziellen und sogar militärischen Interessen. Einst verachtet, verpönt, verdrängt und verdächtigt, sorgt der Geruchssinn seit ein paar Jahrzehnten für mannigfache Überraschungen. „Erkenne Dich selbst!“, lautete die Inschrift am Apollontempel in Delphi, die Sokrates in den Mittelpunkt seines Denkens stellte. Die Nase macht den Menschen noch geheimnisvoller und die Versuche, Wissen über den Körper vermittels Theorien des Geruchsinns zu gewinnen, ringen mit der Tiefe und den verzweigten Implikationen dieses Sinnes[5].

Informationen werden aus einem Textkorpus erschlossen, das selbst eine materielle Unterlage hat. Stele, Papyrus, Pergament, Papier, Festplatte oder Cloud – das Wissen über den Menschenkörper wurde auf Stein, auf Gräsern, auf Leder und Holz, später auf künstliche Datenträger geschrieben, um letztlich wie ein Phantomkörper in einer anderen – unfassbaren und geruchlosen – Dimension gespeichert zu werden. Durch die Digitalisierung verschwindet dieser Körper des Wissens und sein eingangs erwähnter Geruch wird durch ein stets optimiertes visuelles und akustisches Design der Neuen Medien ersetzt. Die neuen Körper des Wissens (von E-Books bis zur Errichtung neuer Bibliotheken nach

---

3 Tellenbach, Hubert, Geschmack und Atmosphäre. Medien menschlichen Elementarkontaktes, Salzburg, 1968, S. 32. 4 Proust, Marcel, À la recherche du temps perdu I, Paris, 1997, S. 47. 5 Hegel, Martin; Wagner, Matthias (Hrsg.), Für den tieferen Sinn. Duft als Medium in Kunst, Design und Kommunikation, Wiesbaden, 2016.

„4-Raum-Modellen") widerspiegeln dasselbe Ideal eines ewig jungen Menschenkörpers und schwanken zwischen steriler Desodorierung und künstlicher Odorierung. Gleichzeitig machen technische Experimente zur elektronischen Mitteilung von Gerüchen immer wieder Schlagzeilen und die Werbung – vom Tourismus bis hin zu den Museen – ist längst in das Geschäft mit der Verführung der Konsumenten durch Düfte eingestiegen[6]. Smell sells – sogar Informationen. Es wird festgestellt, dass der Körper des Wissens doch eine duftende Hülle braucht, einen attraktiven „Körpergeruch".

2. Emotionale Bedeutung und Erkenntnis: Atmosphäre

Das Neue macht neu-gierig, regt an und erweitert unseren Horizont. Eines fehlt ihm jedoch: das Flair, dafür fehlt ihm die Zeit. Das ästhetische Flair – ein Wort, das übrigens wie die ‚Atmosphäre' aus dem olfaktorischen Bereich stammt – wächst im Laufe der Zeit organisch, wie auch eine Patina durch zahllose Berührungen. Beide haben eine eigentümliche ästhetische Qualität, die erst durch eine Verdichtung des Infinitesimalen über lange Zeiträume hinweg in Erscheinung tritt[7]. Im Besonderen lässt sich eine solche Atmosphäre, die buchstäblich eingeatmet wird, kaum künstlich nachbilden und ist immer „echt". Alte Orte haben einen eigenen „Atem". Liebhaber von Antiquitätenläden und Flohmärkten wissen es genauso wie die Besucher alter Wohnräume: Im Laufe der Zeit vermischte und überlagerte Gerüche der Dinge, Menschenkörper, Tiere und Praktiken verharren beharrlich in Räumen und bleiben an Gegenständen haften. Sie lassen sich bei bestem Willen kaum je entfernen. Wer denkt dabei an ein wünschenswertes Flair? Das gilt nicht weniger für Antiquariate und alte Bibliotheken; die 25000 Bücher von Professor Kien in Elias Canettis Roman *Die Blendung*[8], davon zahlreiche alte, müssen stark gerochen haben. Und auch wenn der Nobelpreisträger wie allgemein die deutschsprachige Literatur weniger sensibel für Gerüche als etwa die französische oder die russische Literatur zu sein scheint[9], so

---

6 Taylor, D. R. Fraser, „Remaining Challenges and the Future of Cartography", in: Cypercartography: Theory and Practice, hrsg. von Taylor, D. R. Fraser, Amsterdam, 2005, S. 556. 7 Diaconu, Mădălina, Tasten, Riechen, Schmecken. Eine Ästhetik der anästhesierten Sinne, Würzburg, 2005, S. 437 ff. 8 Canetti, Elias, Die Blendung, Wien, 1935. 9 Rindisbacher, Hans, The Smell of Books. A Cultural-Historical Study of Olfactory Perception in Literature, Ann Arbor, 1992.

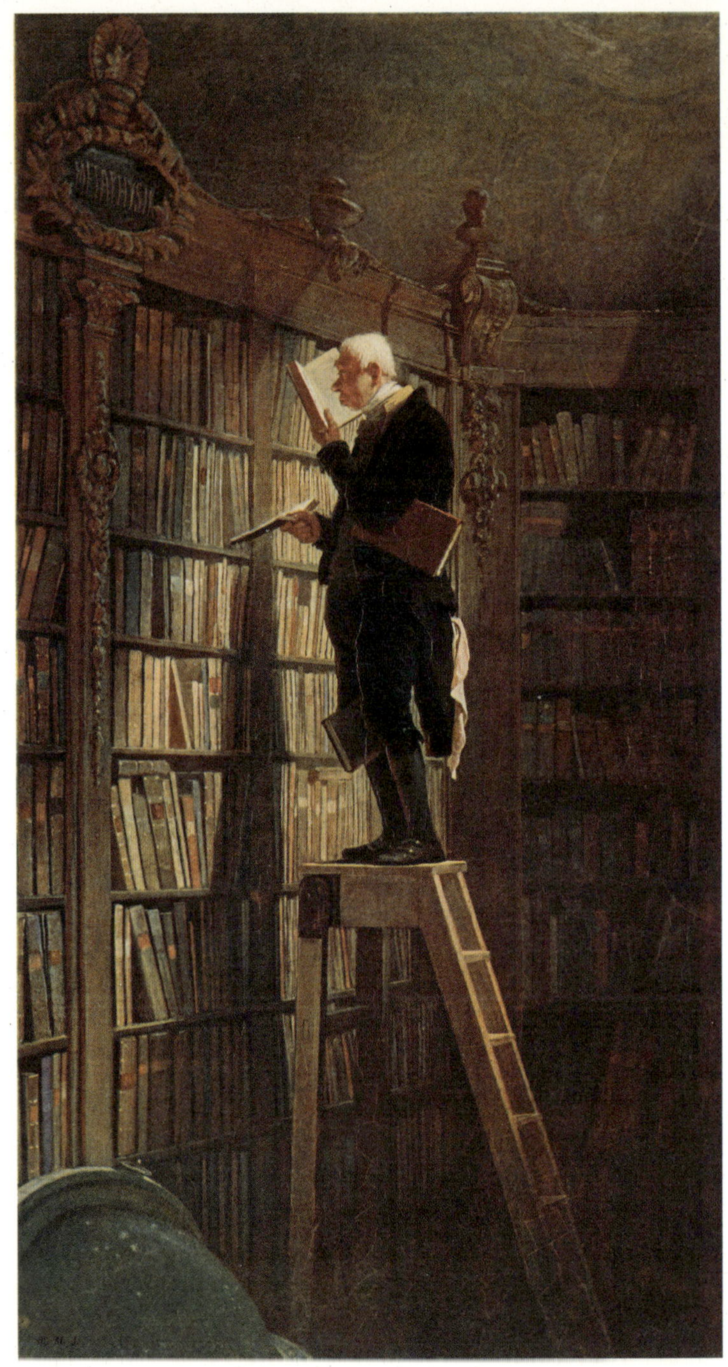

Der Bücherwurm, Druck um 1845 nach einem Gemälde von Carl Spitzweg

dürfen wir uns doch vorstellen, dass der vertraute Geruch seiner Bibliothek beruhigend wie ein Nestgeruch auf den Altchinesisch-Gelehrten Kien wirkte, der der Wirklichkeit misstraute.

Eine feine, eventuell analytisch geschulte Nase, die in solche alten Räume geriete, könnte wie ein menschlicher Gas-Chromatograf die Peaks der einzelnen Bestandteile unterscheiden und sich so ein „Bild" von der Vergangenheit machen. Diese Erkenntnis würde aber über das Wissen der Naturwissenschaftler hinausgehen und sich der Kunst nähern bzw. selbst zu einer Kunst werden, weil Gerüche ganze Lebenswelten erschließen und einem längst verstorbene Personen wieder leibhaftig vor Augen bringen. Olfaktorische „Offenbarungen" wie bei Proust mögen sich zwar nur selten ereignen, aber jedes Spiel des Imaginären, das alte Räume und Gegenstände eröffnen, reicht aus, um uns zu beglücken. Dabei wäre es falsch, derart positive Emotionen der Annehmlichkeit den Gerüchen selbst zuzuschreiben; im Grunde genommen bewirkt dieses Erlebnis erst indirekt Vergnügen, und zwar durch die Erweiterung des individuellen Ich anhand der Imagination, unabhängig davon, ob die Gerüche an sich gut oder schlecht waren – Hauptsache, sie waren „interessant" genug, um einen solchen Streifzug in die Vergangenheit zu veranlassen.

Diese Erfahrung existenzieller Resonanz, in der Erkenntnis, Emotion und Einbildungskraft ineinandergreifen, bezieht sich meistens auf andere Menschen. Wenn wir jedoch an einem Buch riechen, sei es ein altes, sei es auch ein neues, sagt uns sein Geruch nichts über den Autor, den Schriftsetzer, den Drucker oder den Buchhändler, nichts über all die Frauen oder Männer, die hinter dem Buch stehen, sondern nur etwas über den Körper des Buchs. Als Körper im phänomenologischen Sinne lassen sich Bücher auch einer chemischen Analyse unterziehen. In einer solchen Studie wurden nach 220 Stunden mehr als 70 hochflüchtige Verbindungen in vier Büchern identifiziert, die zwischen dem Ende des 18. Jahrhunderts und der ersten Hälfte des 20. Jahrhunderts veröffentlicht worden waren. Ein Parfümeur hat ihren Geruch als trocken und staubig, nach Zedernholz und Papier riechend beschrieben, um ihn schließlich tautologisch als den „long-lasting typical old book odour" zu bezeichnen.[10]

---

10 Buchbauer, Gerhard, „On the Odour of Old Books", in: Journal of Pulp and Paper Science, 21 (11), 1995, J398–J400.

Muffig und schimmelig rochen die alten Bücher auch für Friedrich Nietzsche, einen der wenigen Philosophen, der die ungeheure Kraft erahnte, die im Geruch der Dinge gespeichert wird. Für den ausgebildeten Altphilologen wollte die Historie „uns in überwundene Gefühle zurückversetzen", was aber nicht ohne Gefahr verliefe. Daher „lassen wir doch die Todten ihre Todten begraben: so nehmen wir nicht selber Leichengeruch an"[11] wie der Historismus und das Tübinger Stift (bzw. der deutsche Idealismus). Nietzsches Alter Ego Zarathustra bevorzugte die reine, frische Bergluft und den kalten Mistral, weit weg von den Bibliotheken der Gelehrten, deren Seelen abgestanden, nach Staub rochen und „lange nicht gelüftet" worden waren[12]. Die Bücher riechen bei Nietzsche fast immer übel und das Alte verströmt für ihn allgemein schlimme Dünste. Die Erstausgaben Nietzsches stehen inzwischen selbst in staubigen Bücherregalen. Sollen wir uns nach ihnen sehnen? Sollen wir sie nicht lieber den Chemikern überlassen und, bevor sie uns mit ihren Ausdünstungen krank machen – so Nietzsche –, lieber hinausgehen, uns sportlich betätigen und in der freien Luft höchstens auf einem Tablet ein E-Book lesen? Nietzsche könnte die Nostalgie des Retro-, Antik- und Vintage-Stils kaum nachvollziehen[13], zu sehr lehnte er sich gegen die Herrschaft des Historismus auf. Anders in einer Gesellschaft, in der das Neue, technische Updates und das Up-to-date-sein-Müssen tyrannisieren: Die „Romantiker" unserer Zeit reagieren darauf durch die Wiederentdeckung des Alters der Dinge und ihrer Echtheit. Ob echt alt oder neu wie alt gemacht, bleiben die genannten Design- und Lifestyle-Trends auf das Visuelle beschränkt – auch hier gilt letztlich das Gebot Nietzsches: alte Waren lüften, bevor wir ihnen Platz in unserem neuen Leben machen.

3. Intuition und Scharfsinn: Die Kunst des (Hinter-)Fragens

Alte Dinge mögen zwar Defekte haben, aber dafür bieten sie uns gleichsam einen Charakter, wie Quasi-Subjekte. Das verleitet leicht zu ihrem Fetischisieren durch Sammler; Bücherliebhaber sind davor nicht gefeit.

---

11 Nietzsche, Friedrich, Nachgelassene Fragmente 1875–1879. KSA 8, hrsg. von Colli, Giorgio und Montinari, Mazzino, Berlin/München, 1988, S. 84. **12** Nietzsche, Friedrich, Nachgelassene Fragmente 1875–1879. KSA 8, hrsg. von Colli, Giorgio und Montinari, Mazzino, Berlin/München, 1988, S. 423. **13** Zu dieser begrifflichen Unterscheidung vgl. Diaconu, Mădălina; Vosicky, Lukas Marcel, „Zeit als Berührung und Haut. Von Sammlern, Altwaren und Vintage", in: Sensorisches Labor Wien. Urbane Haptik- und Geruchsforschung, hrsg. von Diaconu, Mădălina et al., Wien, 2011, S. 615 ff.

Der Charakter fällt aber geläufig unter den Begriff der Moral und nicht der Ästhetik. Buchdesign bedeutet visuelle Gestaltung und gelegentlich Experimente mit den taktilen Qualitäten des Papiers und des Buchumschlags. Die Designer haben sich jedoch bisher nicht so weit vorgewagt, die Akustik des Durchblätterns und des Zuklappens eines Buchs zu gestalten oder mit den olfaktorischen Eigenschaften des materiellen Buchkörpers zu spielen – jenseits vom Kitsch des parfümierten Briefpapiers und von Duftstreifen; die Kostenfrage muss dabei wohl eine Rolle spielen. Dagegen laden uns alte Bücher dazu ein, durch ihren vielfältigen „Geruchspark" zu wandern; sie verlangen nichts dafür – außer Aufmerksamkeit. Dann werden wir mit Eindrücken belohnt, die kaum als ästhetisch im konventionellen Sinne des Schönen oder Angenehmen bezeichnet werden können: Eine alte Bibliothek ist keine Parfümerie, sondern ein ungeordnetes Duftarchiv. Solche Impressionen bereichern unsere Erfahrung, stärken unser aisthetisches Diskriminierungsvermögen, fordern die Imagination heraus, und gelegentlich beglücken sie uns durch die Aktivierung längst begraben geglaubter Erinnerungen. Nietzsche sprach vom Geruchssinn im übertragenen Sinne als Scharfsinn und der Intuition als erforderliche Kompetenz für die psychologische Erkenntnis. Und Sokrates bezeichnete als „Hebammenkunst" (Maieutik) die „Kunst" des Philosophen, durch ständiges Fragen und Hinterfragen wahre Erkenntnis anamnetisch hervorzurufen. In der zeitgenössischen olfaktorischen Kunst trifft Nietzsches Flair auf Sokrates' „Hebammenkunst". Alltagsdinge zeigen sich in ihrer einzigartigen Poetik an der Grenze zum Unaussprechlichen, wie die biblischen Lilien in ihrer königlichen Pracht; was sonst übel riecht, wird auf einmal vielsagend. Dinge, die bisher den Wissenskörper ausmachten, wirken dann in ihrer konkreten Materialität zugleich als belehrend und bannend. Die Nasenflügel blähen sich, wir öffnen uns selbst.

When the Body of Knowledge Grows Old

Who is not familiar with – and does not love – the smell of new books? Long before they were sealed in plastic wrap to be sold, their unmistakable odor was a sign of their unspoiled state. Sniffing the paper with eyes closed was part of the anticipation of reading and when, on top of that, the pages of a book still needed to be cut open with a paper knife, the scent of newness was released even more intensely. This first encounter with the 'pheromones' of a book was a purely private experience which didn't impart any knowledge and was preferably hidden from public view: the process of civilization had prevailed.[1] Western modernity, in fact, put the sense of smell under a taboo and labeled it as "feral"; on a theoretical level, too, it was deemed unworthy and smells were sweepingly divided into good and bad ones: the good ones (artificial scents) were to suppress and mask the bad ones (such as body odors). But it was best not to smell (of) anything at all.

1. Pleasure and Information: Body Knowledge and Body of Knowledge

Meanwhile the rehabilitation of sensuality and emotions, the liberation from puritanism and the post-colonial openness to other cultures have helped the nose breathe more freely and appear in public. Scientists, the only ones who already had been less inhibited in investigating olfaction before, made seminal physiological discoveries and refuted the Kantian demolition of the sense of smell as the "most ungrateful" and even "most dispensable" of all senses.[2] Today it may not be as useful anymore in its function of "checking and identifying,"[3] i. e. telling good from bad and warning against danger: the best-before date of foodstuffs is on the packaging and nuclear danger has no smell. Nevertheless, it is hardly possible to control experiences of olfactory pleasure and displeasure. Previously despised animals amaze us with their olfactory instincts.

---

1 Norbert Elias, On the Process of Civilisation, eds. Eric Dunning et al. Dublin, 2012. **2** Immanuel Kant, "Anthropology from a Pragmatic Point of View", ed. Robert B. Louden. Cambridge, 2006. **3** Hubert Tellenbach, Geschmack und Atmosphäre. Medien menschlichen Elementarkontaktes. Salzburg, 1968, p. 32.

Even our own experience with smells surprises us, as it once did Marcel Proust when the aroma of a madeleine dipped in linden blossom tea transported him back to his childhood.[4] The mechanisms of olfactory memory are still the subject of much debate in smell studies: can smells be stored and retrieved like mental images for our visual experience – or do they work differently?

The sciences also look at human body odors and the spontaneous, often unconscious reactions to them, probably not completely detached from therapeutic, commercial and even military interests. Once scorned, frowned upon, suppressed and considered suspect, the sense of smell has, for a couple of decades now, been springing many a surprise. "Know thyself," reads the inscription on the Temple of Apollo in Delphi, which Socrates made central to his thought. The nose made humans even more mysterious, and attempts to gain knowledge of the body through theories of olfaction struggle with the deepness and the ramified implications of this sense.[5]

Information is accessed from a body of knowledge which itself has a material base, be it a stele, papyrus, parchment, paper, a hard drive or a cloud. Knowledge concerning the human body was written down on stone, sedges, leather and wood, later on artificial data storage devices, only to eventually be stored like a phantom body in a different – intangible and odorless – dimension. As a result of digitization this material body of knowledge is disappearing and its aforementioned smell is replaced by the continually optimized visual and acoustic design of new media. The new bodies of knowledge (from e-books to the creation of new libraries according to the "Four-space Model") reflect the same ideal of an ageless human body and alternate between sterile deodorization and artificial odorization. At the same time, technological experiments concerning the electronic communication of smells keep making headlines, and advertising – from tourism to the museums – has long entered the business of luring consumers with scents.[6] Smell sells – even information. Knowledge realizes that its body needs an odorant shell, an attractive "body odor," after all.

---

4 Marcel Proust, À la recherche du temps perdu I. Paris, 1997, p. 47. 5 Martin Hegel and Martin Wagner, eds., Für den tieferen Sinn. Duft als Medium in Kunst, Design und Kommunikation. Wiesbaden, 2016. 6 D. R. Fraser Taylor, "Remaining Challenges and the Future of Cartography", in: Cybercartography: Theory and Practice, ed. D. R. Fraser Taylor. Amsterdam, 2005, p. 556.

2. *Emotional Significance and Perception: Atmosphere*

New things make us curious, excite us and expand our horizons. Yet there is one thing they lack: flair. They don't have the time for it. Aesthetic flair – a word that, incidentally, comes from the olfactory realm, like 'atmosphere' – grows organically over time, just like a patina does from repeated touching. Both have a peculiar aesthetic quality which appears only as a result of a compression of the infinitesimal over long periods of time.[7] Specifically, such an atmosphere, which is literally breathed in, is virtually impossible to replicate artificially and always "real." Old places have a "breath" of their own. Lovers of antique stores and flea markets know this just as well as those who visit old living spaces: mixed and layered over time, the smells of things, human bodies, animals and practices linger persistently in spaces and cling to objects. No matter how hard one tries, they are almost impossible to get rid of. Who would think of a desirable flair in this context? This is no less true for second-hand bookstores and old libraries: the 25000 books of Professor Kien in Elias Canetti's novel *Auto-da-Fé*,[8] among them many old ones, must have given off a strong smell. And even if the Nobel laureate, and German literature in general, seems to be less sensitive to smells than, say, French or Russian literature,[9] we may still assume that the familiar smell of his library had a soothing effect, like a nest smell, on Kien, the scholar of Sinology who distrusted reality.

A keen, perhaps analytically trained nose finding its way into such old spaces would be able to distinguish, like a human gas chromatograph, the peaks of the individual components and in this way get an idea of the past. But this insight would transcend the knowledge of scientists and verge on art or, indeed, become art, because smells render entire life-worlds accessible and bring long-deceased people almost physically back before our eyes. Olfactory "revelations" as in Proust may occur only rarely, but any play of the imaginary started off by old spaces and objects is sufficient to delight us. It would be a mistake to ascribe such positive emotions to the pleasantness of the smells themselves; strictly speaking,

---

7 Mădălina Diaconu, Tasten, Riechen, Schmecken. Eine Ästhetik der anästhesierten Sinne. Würzburg, 2005, p. 437. **8** Elias Canetti, Auto-da-Fé (New York: Farrar, Straus and Giroux, 1984). **9** Hans Rindisbacher, The Smell of Books. A Cultural-Historical Study of Olfactory Perception in Literature. Ann Arbor, 1992.

the experience causes pleasure only indirectly, through the extension of the individual self by imagination, irrespective of whether the smells as such were good or bad. What matters is that they were "interesting" enough to prompt such a ramble into the past.

This experience of existential resonance in which perception, emotion and imagination mesh usually relates to other people. But when we smell a book, whether old or new, its odor doesn't tell us anything about the author, the typesetter, the printer or the bookseller, nothing about all the women and men behind the book. It only tells us something about the body of the book. As an objective body in phenomenological terms books may also be subjected to chemical analysis. One such study identified, after 220 hours, more than seventy highly volatile compounds in four books published between the end of the eighteenth and the first half of the twentieth century. A perfumer described their scent as dry and dusty, smelling of cedar and paper, only to eventually characterize it tautologically as "long-lasting typical old book odor."[10]

Old books smelled musty and moldy to Friedrich Nietzsche, too, one of the few philosophers who sensed the tremendous power that is stored in the smell of things. A classical philologist by training, he felt that history wanted to "restore us to feelings we had overcome," a process he thought was not without danger. Hence he argued: "let's leave it to the dead to bury their dead, so we avoid taking on the smell of corpses ourselves"[11] like historicism and the *Tübinger Stift* (i.e. German Idealism). Zarathustra, Nietzsche's alter ego, favored the pure clean mountain air and the cold Mistral, far away from the libraries of the scholars whose souls smelled stale and dusty and had "not been aired in a long time."[12] To Nietzsche, books almost invariably smelled awful and the old in general exuded nasty fumes. The first editions of Nietzsche's works by now stand on dusty shelves themselves. Should we be longing for them? Should we not rather leave them to the chemists, before they make us sick with their evaporations, as Nietzsche claimed, and go outside instead, do sports and at most read an e-book on a tablet outdoors?

---

10 Gerhard Buchbauer et al., "On the Odour of Old Books", in: Journal of Pulp and Paper Science, vol. 21 (11), 1995, J398–J400. **11** Friedrich Nietzsche, Nachgelassene Fragmente 1875–1879. KSA 8, eds. Giorgio Colli and Mazzino Montinari. Berlin/Munich, 1988, p. 84. **12** Friedrich Nietzsche, Nachgelassene Fragmente 1882–1884. KSA 10, eds. Giorgio Colli and Mazzino Montinari. Berlin/Munich, 1988, p. 423.

Nietzsche would have had a hard time understanding the nostalgia of the Retro, Antique and Vintage styles,[13] as he was too busy revolting against the rule of historicism. The situation is different in a society that is under the yoke of the new, of technical updates and being up to date; the "romantics" of our day respond to this by rediscovering the age of things and their genuineness. Whether genuinely old or new but made to look old, the aforementioned design and lifestyle trends remain confined to the visual – here, too, Nietzsche's imperative ultimately applies: air old goods before making space for them in our new lives.

3. Intuition and Astuteness: the Art of Questioning

Old things may have defects, but on the other hand they offer us a character, so to speak, like subjects in a way. This easily leads to their fetishization by collectors; book lovers are not immune to this either. Character commonly falls in the category of morality rather than aesthetics. Book design involves visual design and, occasionally, experiments with the tactile qualities of paper and the book cover. To date designers have not gone so far yet to design the acoustics of flicking through and snapping shut a book or to play with the olfactory qualities of the material body of a book (not counting, of course, the kitsch of perfumed stationery and fragrance strips). Probably, the cost issue plays a role in this. By contrast, old books invite us to ramble through their smellscape, asking nothing in return except our attention. They then reward us with impressions that can hardly be described as aesthetic in the conventional sense of beauty or pleasantness. An old library is not a perfumery but an unorganized archive of smells. Such impressions enrich our experience, strengthen our faculty of aesthetic discrimination, challenge the imagination and occasionally delight us by activating memories thought long buried. Nietzsche referred to the sense of smell in a metaphorical sense as astuteness and of intuition as a required skill for psychological insight. And Socrates used the term "maieutics" to describe the philosopher's "art" of anamnestically engendering true knowledge through persistent questioning. In contemporary olfactory art Nietzsche's flair meets Socrates' midwifery. Everyday items present themselves in their unique

---

13 For this conceptual distinction see Mădălina Diaconu and Lukas Marcel Vosicky, "Zeit als Berührung und Haut. Von Sammlern, Altwaren und Vintage", in: Sensorisches Labor Wien. Urbane Haptik- und Geruchsforschung, eds. Mădălina Diaconu et al. Vienna, 2011, p. 615.

poetics on the verge of the inexpressible, like the biblical lilies in their royal splendor. That which usually smells bad suddenly becomes telling. Then things which previously made up the body of knowledge appear both instructive and captivating in their actual materiality. Our nostrils flare; we open ourselves up.

Hisako Inoue über „Die Bibliothek der Gerüche“
Hisako Inoue on “The Library of Smells”
Die Ausstellung ist in sieben Räumen zu sehen.
The exhibition can be seen in seven rooms.

Spuren
Traces

Im ersten Raum, dem Vestibül, zeige ich in einer Vitrine verschiedene Bücher, die man weder berühren noch riechen kann. Darin befinden sich Flecken und Fraßspuren von Bücherschädlingen oder gepresste Blumen und Notizen.

In the first room, the vestibule, I show various books, but they are in a showcase, so they can’t be touched or smelt. There are stains and traces of insects in these books, and some have pressed flowers or notes.

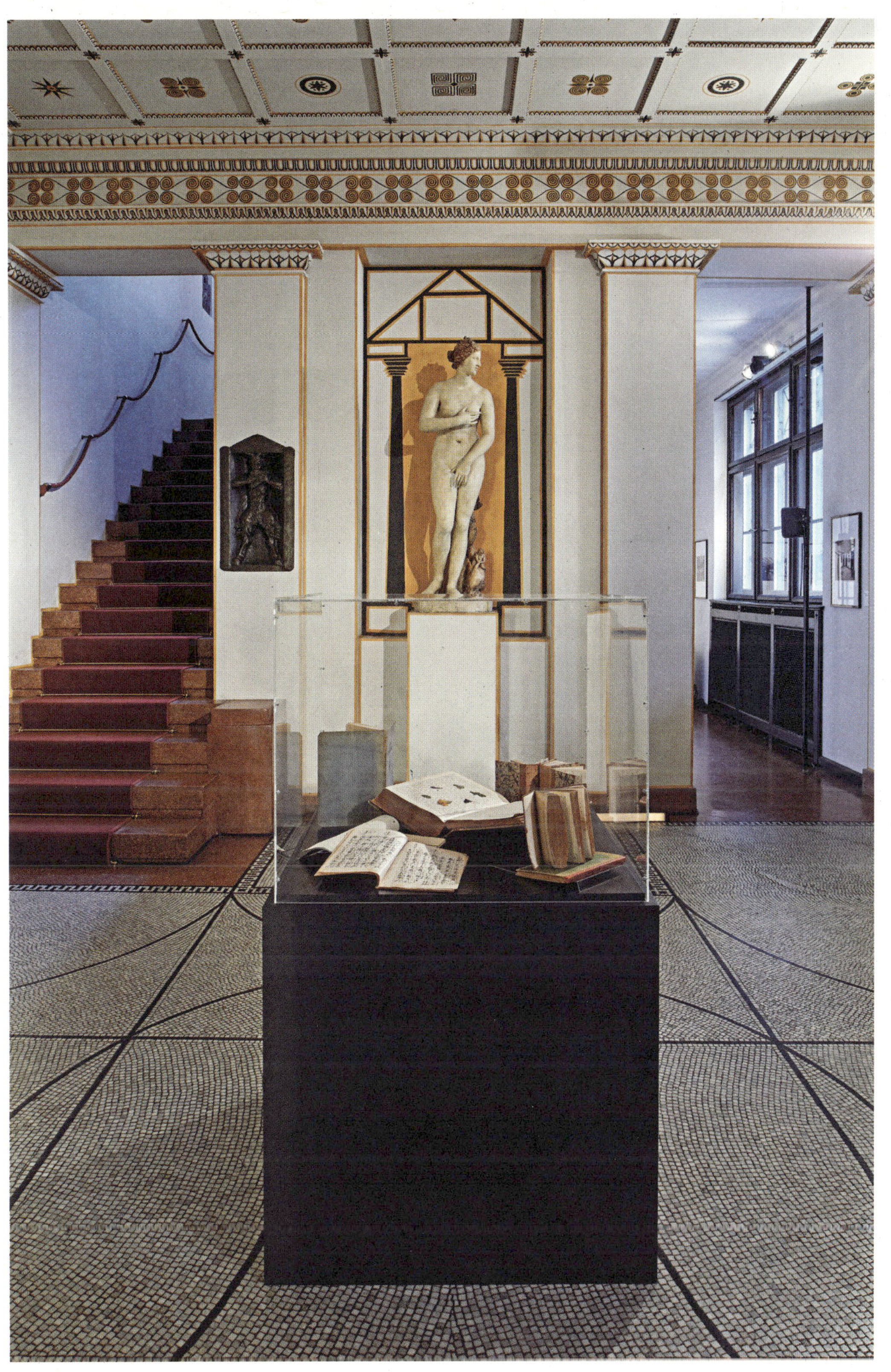

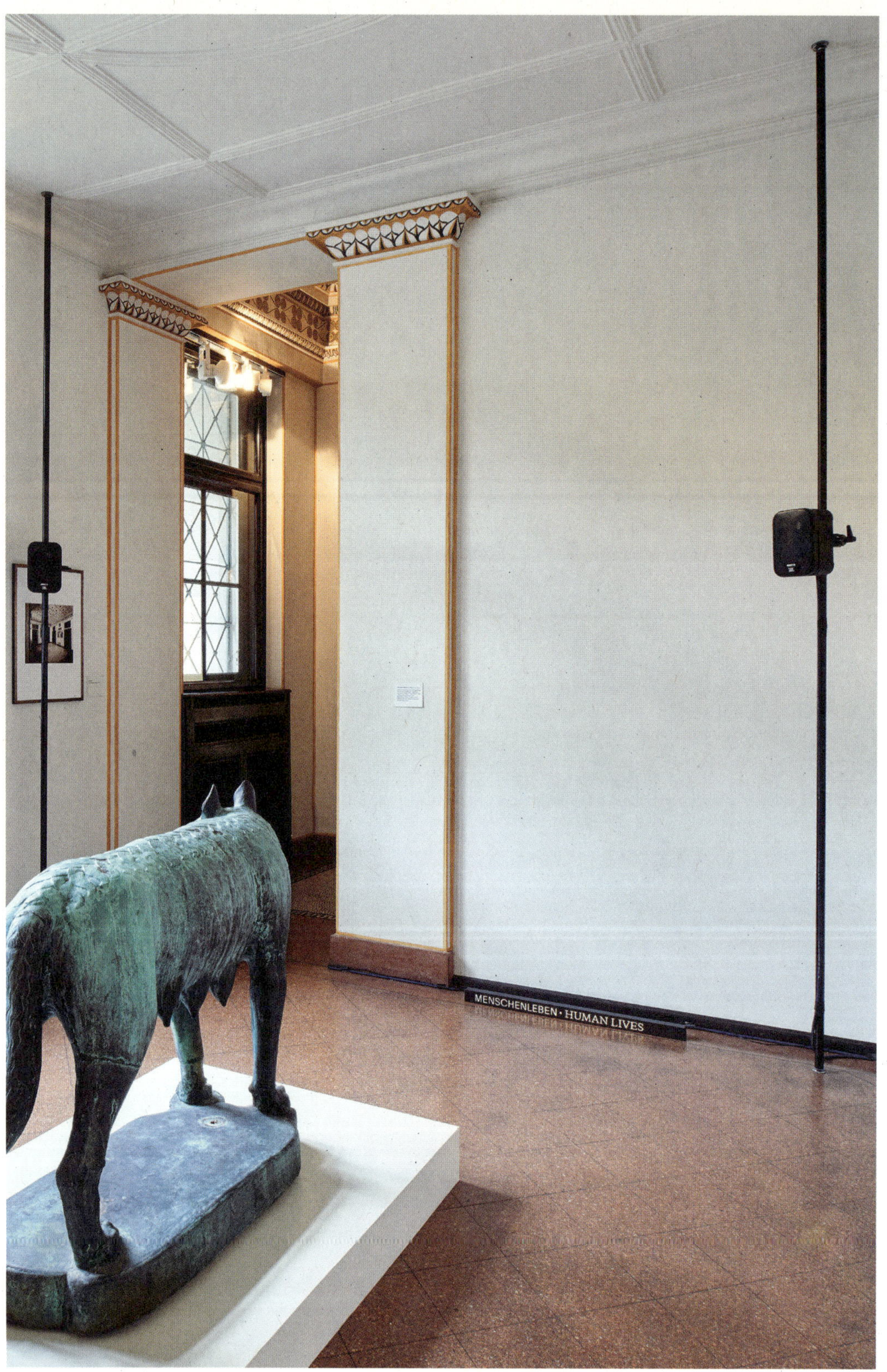
MENSCHENLEBEN · HUMAN LIVES

Menschenleben
Human Lives

Im zweiten Raum, der Garderobe, erforsche ich Verhaltensweisen und Handlungen aus unserem Alltag, die gefühls- und situationsabhängige Begegnung der Menschen mit Büchern. So zum Beispiel die Stimmen und Schritte der Bibliotheksbesucher; Geräusche, die entstehen, wenn man Bücher in die Regale zurückstellt, das leise Rascheln und auch die Gestik beim Umblättern der Seiten. Ich untersuche die Beziehung zwischen Mensch und Buch und inszeniere die Zeit vom Aufschlagen eines Buches bis zum Schließen als den Zeitraum eines Menschenlebens und gestalte diese Inszenierung mit Geräuschen. Empfindet man Freude, blättert man mit den Fingern die Buchseiten sehr sorgsam um, ist man nervös, lässt man seinen Frust am Buch aus, indem man unsanft und grob damit umgeht. Ich möchte, dass die Besucher still im Raum verweilen und ihre Gedanken schweifen lassen. (Gemeinschaftsarbeit mit Takurô Shibayama)

In the second room, the cloakroom, I explore the way we behave and act in our everyday lives; people's emotional and situational encounters with books. Through the sounds of people's voices or footsteps in a library, for example, or the sounds that are produced when books are placed back on shelves, or the soft rustling and the gestures made when turning pages. I explore the relationship between man and book, and frame the time between the opening of a book and its closing as that of a human lifetime, and I shape this framing with sound. If you are in a good mood, you flip through the pages very carefully with your fingers; if you are nervous, you let your frustration out on the book by handling it roughly and unceremoniously. I would like visitors to linger in the room and silently let their thoughts wander. (This room was prepared in collaboration with Takurô Shibayama.)

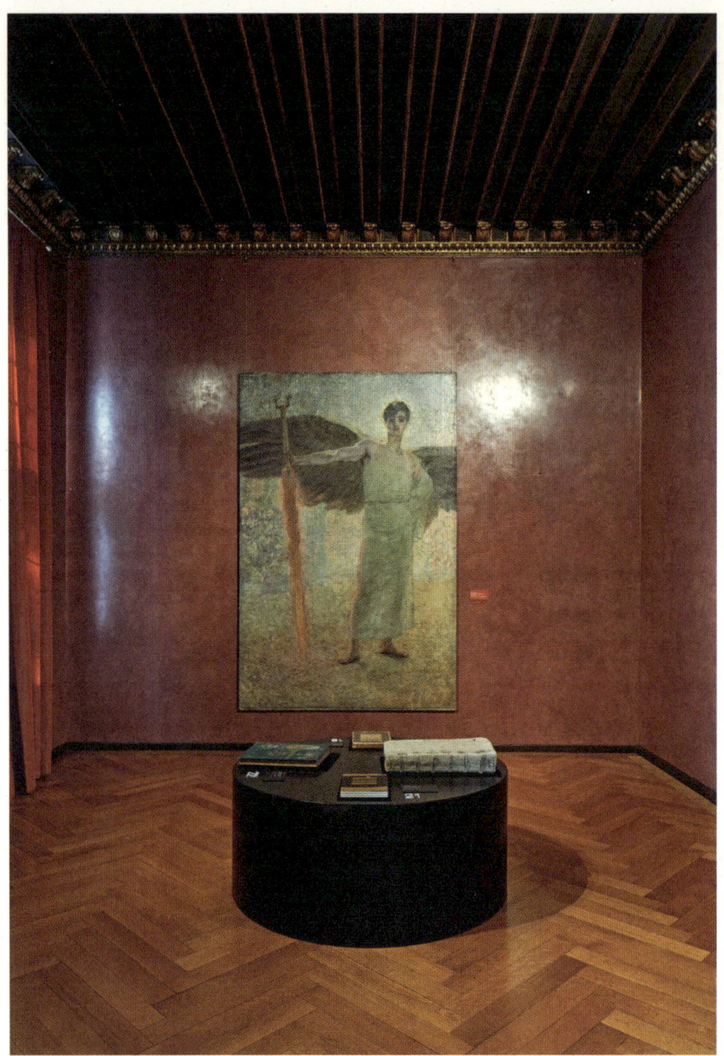

Erinnerungen
Memories

Im dritten Raum, dem Speisesaal, und im vierten Raum, dem Rauchsalon, können die Besucher entspannt und in aller Ruhe den Duft alter und neuer Bücher wahrnehmen und genießen. Sie können sie mit ihren Händen berühren, ihr Gewicht spüren, dem Rascheln beim Umblättern lauschen, eigene Fingerabdrücke hinterlassen.

In the third room, the dining hall, and in the fourth room, the smoking room, visitors can experience and enjoy the smells of both old and new books in a relaxed atmosphere of complete calm. They can touch the books, feel their weight, hear the rustling when they turn the pages, leave their fingerprints on them.

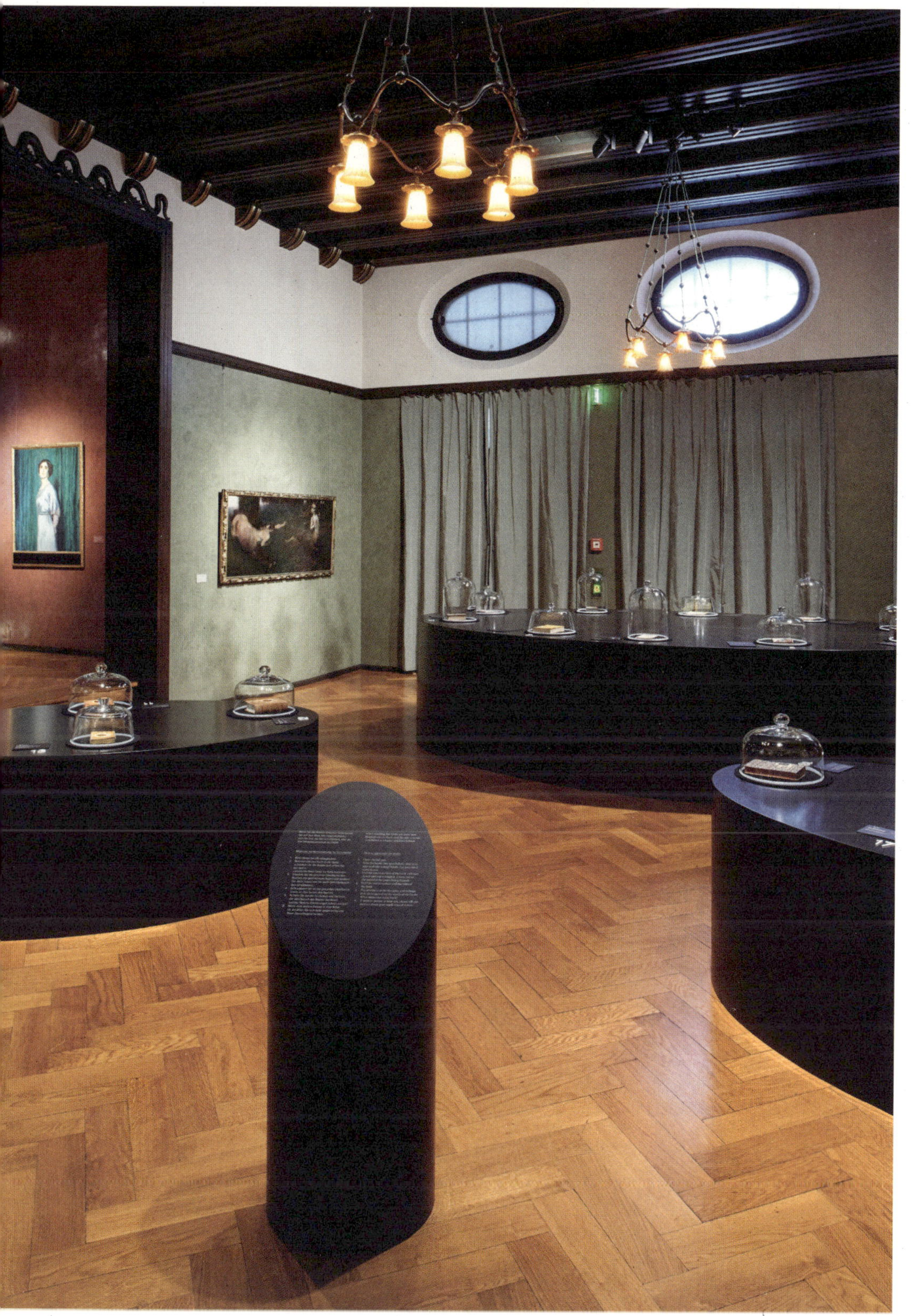

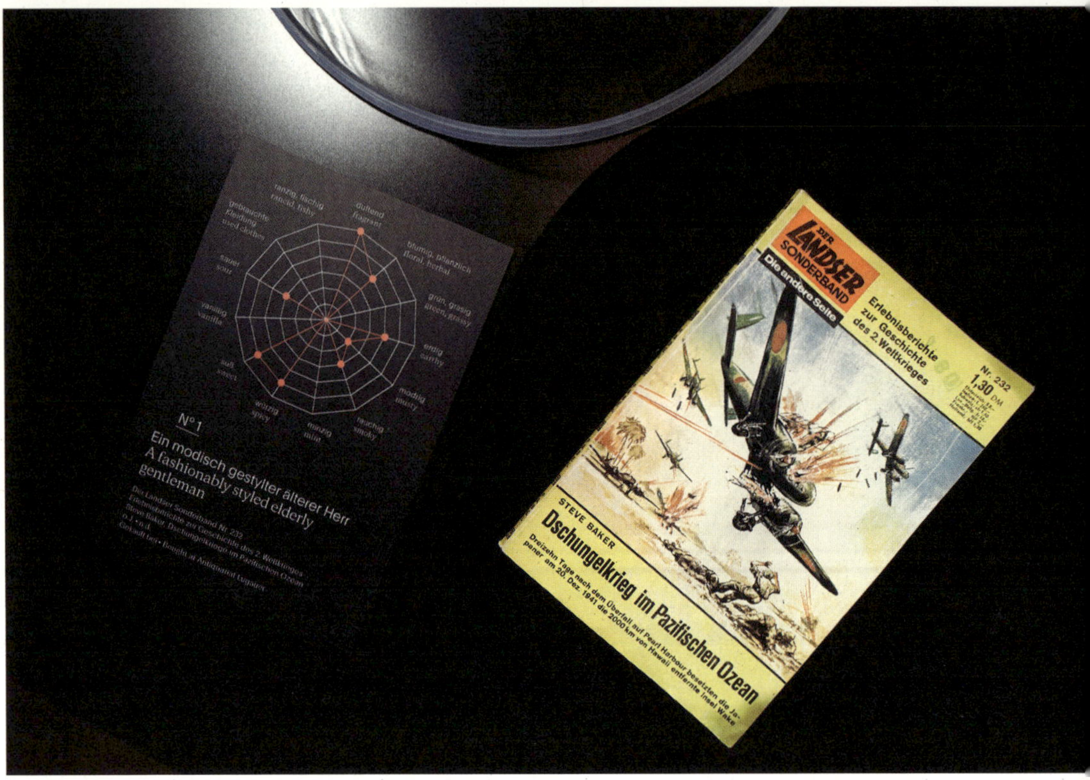

N° 1

Ein modisch gestylter älterer Herr
A fashionably styled elderly gentleman

Der Landser Sonderband Nr. 232
Erlebnisberichte zur Geschichte des 2. Weltkrieges
Steve Baker, Dschungelkriege im Pazifischen Ozean
o.J. • n.d.
Gekauft bei • Bought at Antiquariat Lugauer

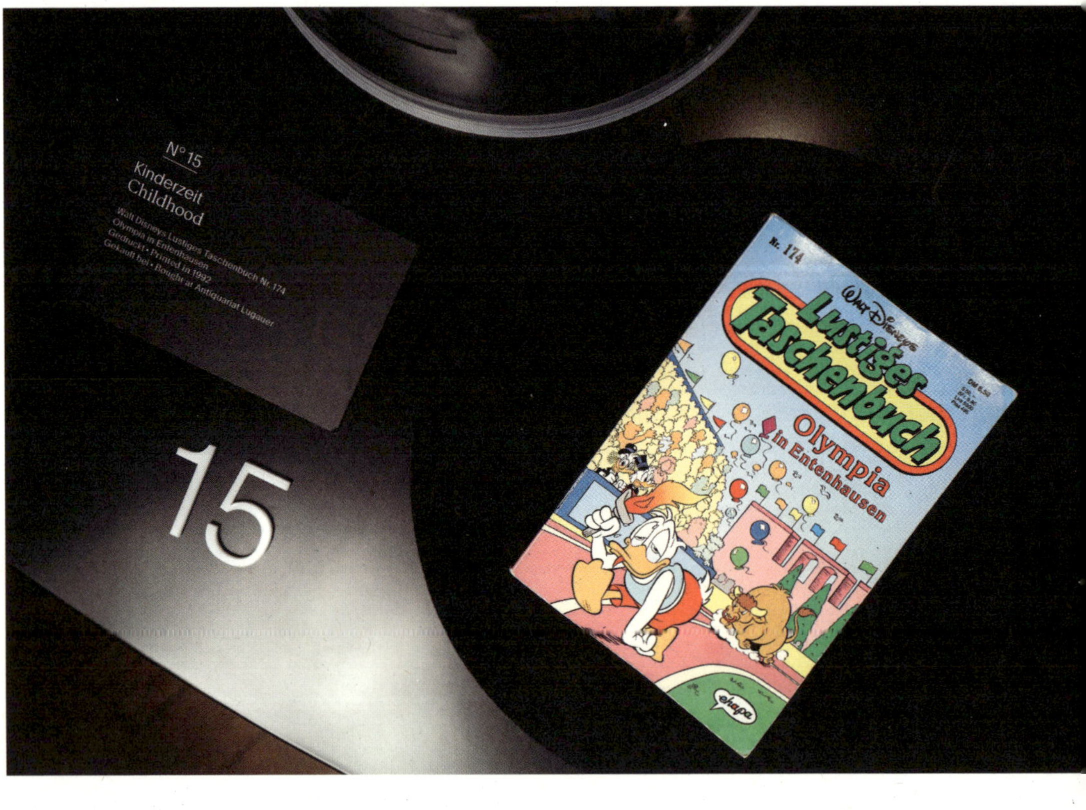

N° 15

Kinderzeit
Childhood

Walt Disneys Lustiges Taschenbuch Nr. 174
Olympia in Entenhausen
Gedruckt • Printed in 1992
Gekauft bei • Bought at Antiquariat Lugauer

15

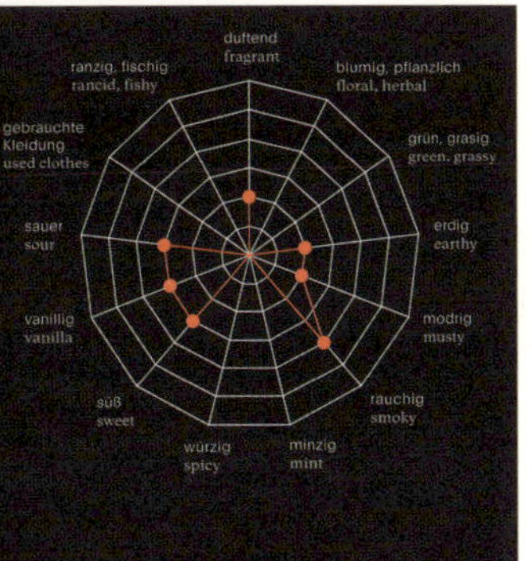

N°2

Abbrennen von Weihrauch im Tempel
Incense burning in the temple

Reclams Universalbibliothek, Nr. 5643
Richard Wagner, Siegfried. Vollständiges Opernbuch. Bd.78
o.J. • n.d.
Gekauft bei • Bought at Heinrich

N°3

Mentholbonbons und jugendlicher Schweiß
Menthol lozenges and youthful sweat

Deutsche Schulausgaben
Herausgegeben von Dr. J. Ziehen. Band 38
Homers Ilias
o.J. • n.d.
Gekauft bei • Bought at Oxfam

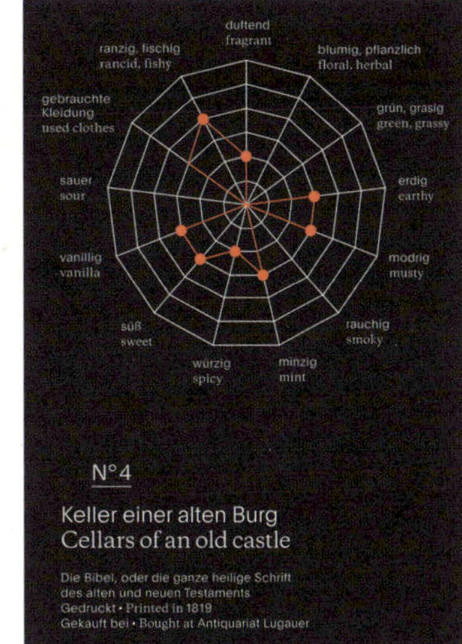

N°4

Keller einer alten Burg
Cellars of an old castle

Die Bibel, oder die ganze heilige Schrift
des alten und neuen Testaments
Gedruckt • Printed in 1819
Gekauft bei • Bought at Antiquariat Lugauer

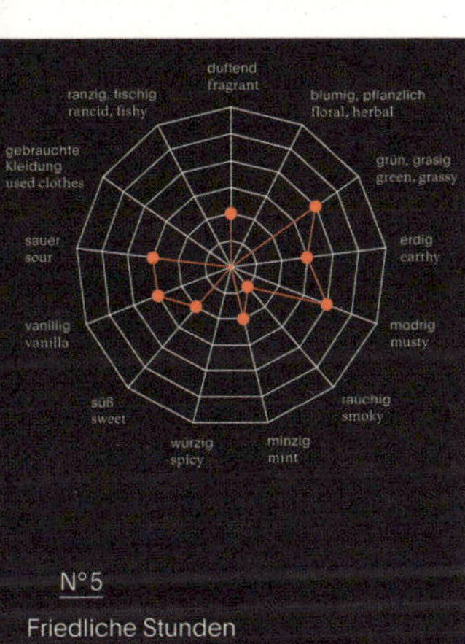

N°5

Friedliche Stunden
Peaceful hours

Max Brod. Die Frau nach der man sich sehnt
Gedruckt • Printed in 1960
Gekauft bei • Bought at Hinterhofflohmarkt Haidhausen

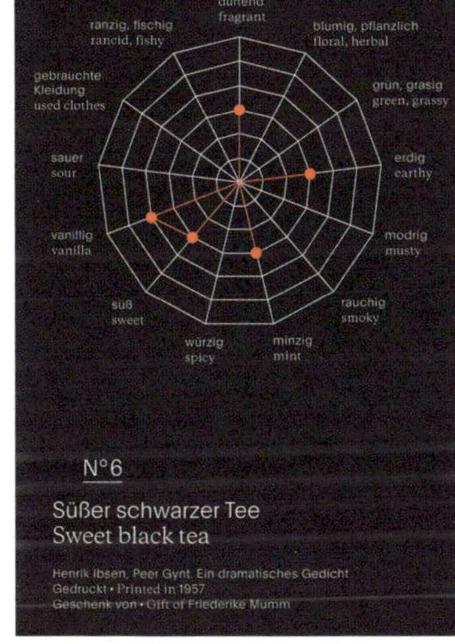

N°6

Süßer schwarzer Tee
Sweet black tea

Henrik Ibsen, Peer Gynt. Ein dramatisches Gedicht
Gedruckt • Printed in 1957
Geschenk von • Gift of Friederike Mumm

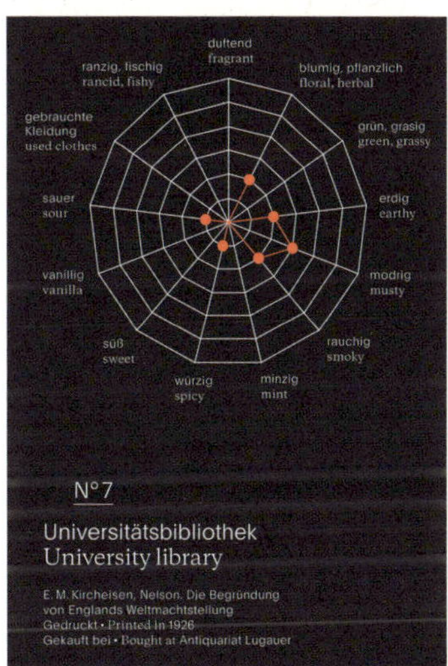

N°7

Universitätsbibliothek
University library

E. M. Kircheisen, Nelson. Die Begründung
von Englands Weltmachtstellung
Gedruckt • Printed in 1926
Gekauft bei • Bought at Antiquariat Lugauer

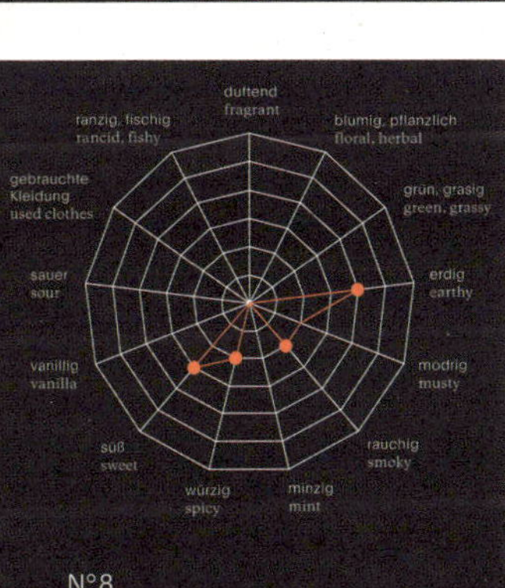

N°8

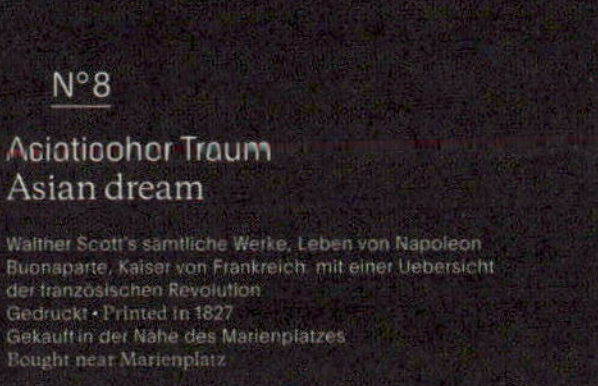

Asiatischer Traum
Asian dream

Walther Scott's sämtliche Werke, Leben von Napoleon
Buonaparte, Kaiser von Frankreich. mit einer Uebersicht
der französischen Revolution
Gedruckt • Printed in 1827
Gekauft in der Nähe des Marienplatzes
Bought near Marienplatz

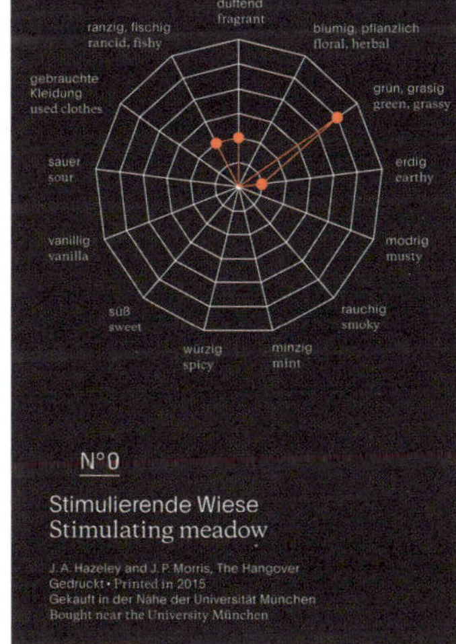

N°9

Stimulierende Wiese
Stimulating meadow

J. A. Hazeley and J. P. Morris, The Hangover
Gedruckt • Printed in 2015
Gekauft in der Nähe der Universität München
Bought near the University München

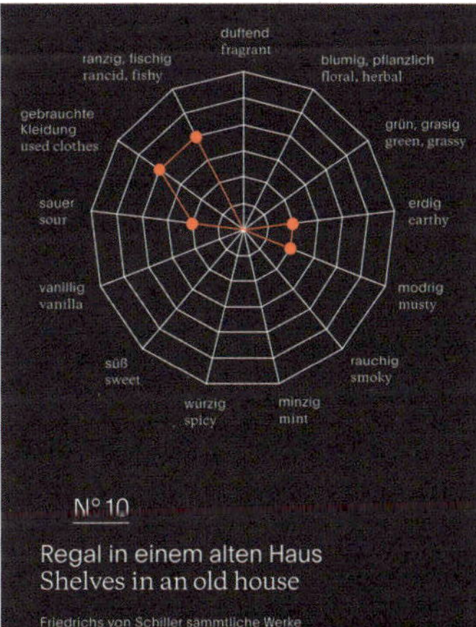

N°10

Regal in einem alten Haus
Shelves in an old house

Friedrichs von Schiller sämmtliche Werke
Achtzehntes Bändchen
Gedruckt • Printed in 1828
Gekauft bei • Bought at Antiquariat
an der Universität München

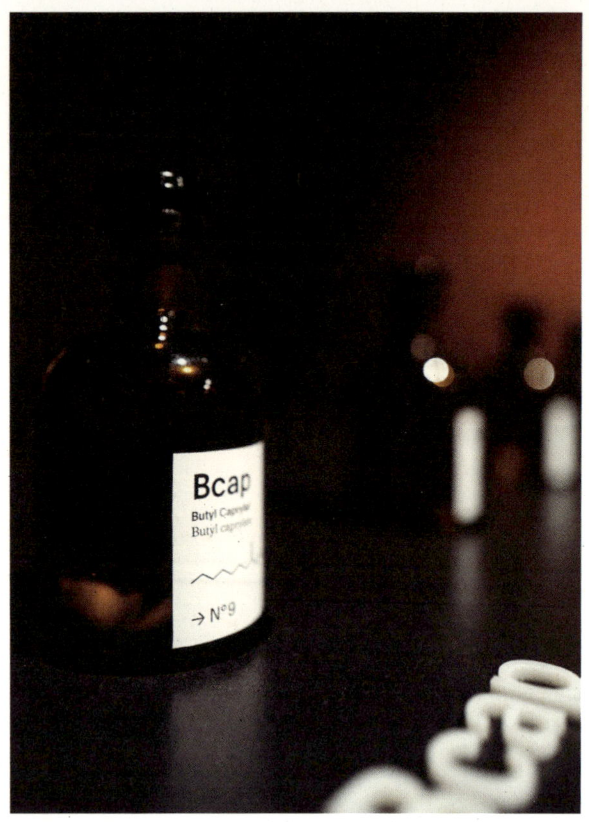

Geschichtenerzähler
Storytellers

Im fünften Raum, dem Boudoir, kann man 18 verschiedene Geruchskomponenten erschnuppern die Mika Shirasu bei Laboranalysen in Büchern nachgewiesen hat. Man kann diese mit dem Geruch echter Bücher vergleichen und sich von den speziellen Gerüchen der einzelnen Komponenten zu neuen Fantasien anregen lassen.
In the fifth room, the boudoir, one can smell eighteen different component odors that Mika Shirasu has shown to be present in books through laboratory analyses. One can compare these with the smell of real books and let oneself be inspired to new fantasies by the special smells of the individual components.

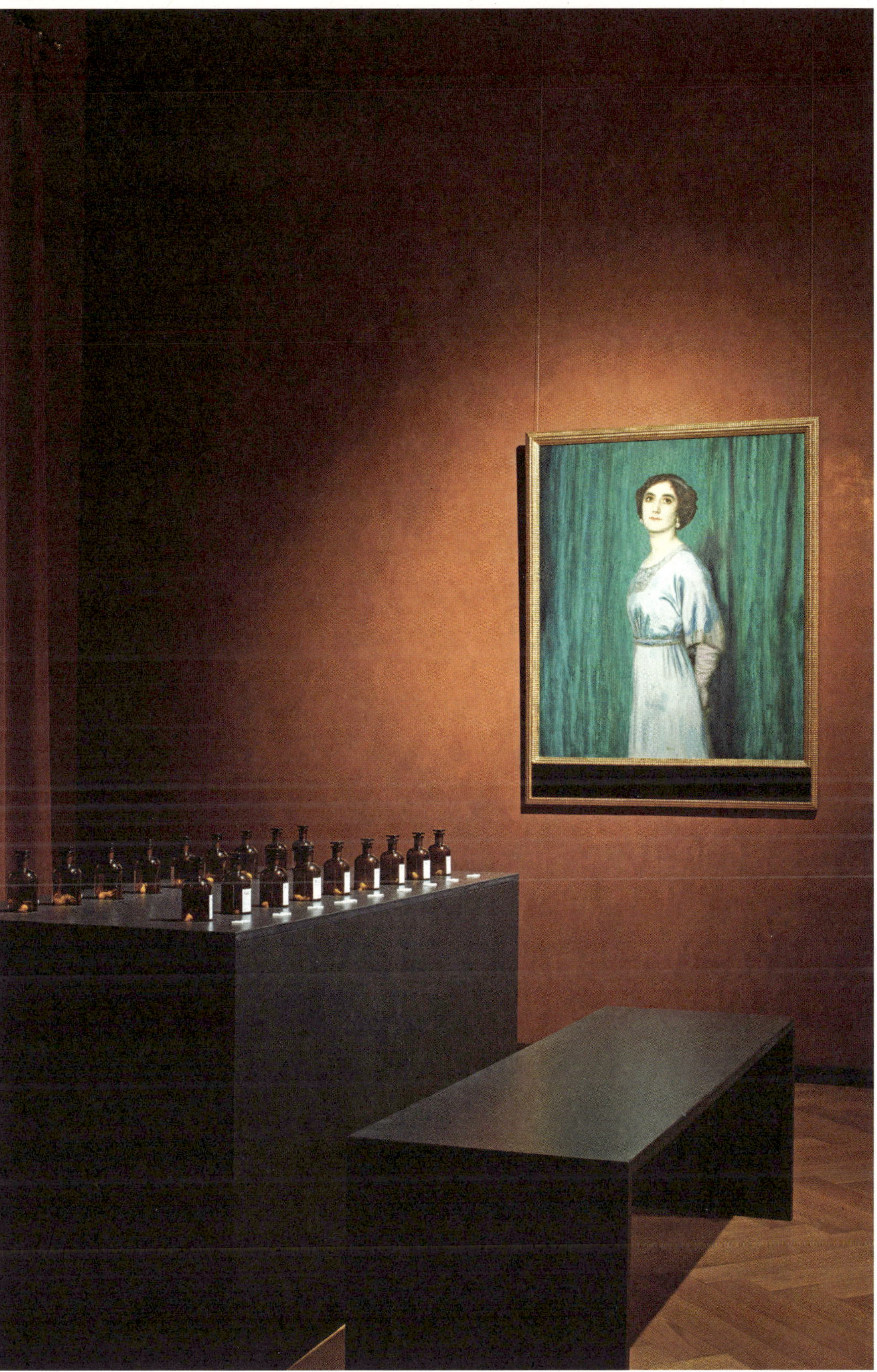

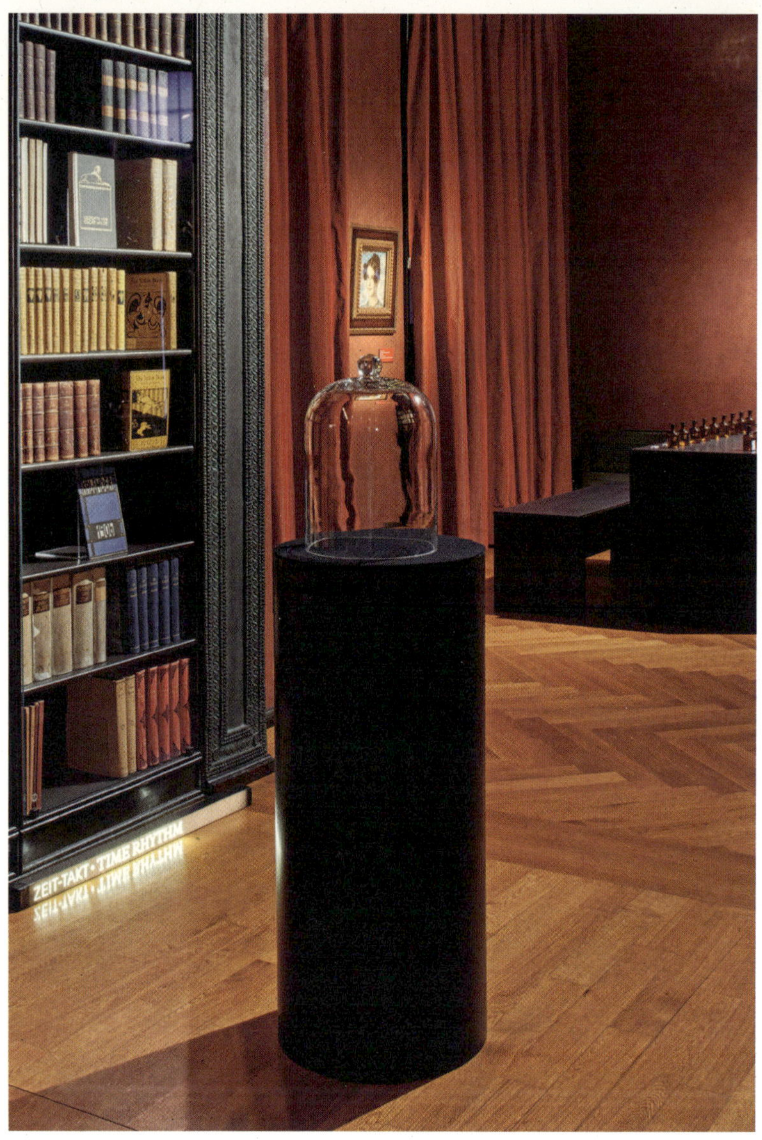

Zeit-Takt

Time-Rhythm

Im sechsten Raum, der Bibliothek, hört man den Takt des Herzschlags und das Rascheln beim Umschlagen von Buchseiten. So verbinde ich die Lebenszeit des Buches mit der Lebenszeit des Menschen. (Gemeinschaftsarbeit mit Takurô Shibayama)

In the sixth room, the library, one hears the rhythm of a beating heart and the rustling of pages being turned This is how I connect the lifetime of a book to a human lifetime. (This room is also the result of a collaboration with Takurô Shibayama.)

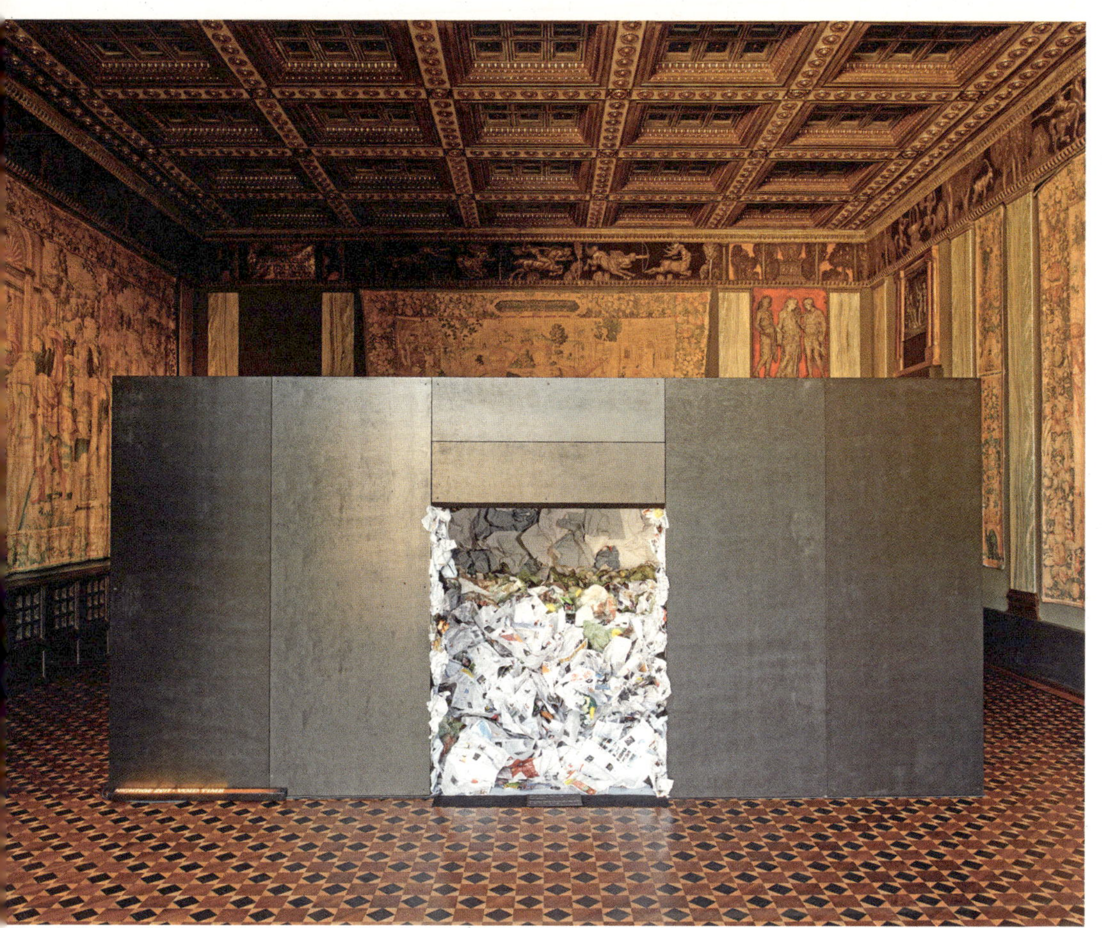

Nichtige Zeit
Void Time

Im siebten Raum, dem Alten Atelier, möchte ich, dass die Besucher den Geruch des nutzlos und bedeutungslos gewordenen Papiers einatmen. Dabei befinden sie sich in einem Raum aus Papier, sie sind von Papier umgeben und stehen auf mehreren Schichten Papier. Je länger man darin verweilt, desto wärmer wird es durch die Körperwärme. Dabei kann man sich ein vom „Nichts“ erschaffenes Leben ohne Zukunft vorstellen.

In the seventh room, the old studio, I would like visitors to breathe in the smell of paper that has become useless and meaningless. While doing so, they are in a room made out of paper; they are surrounded by paper and standing on several layers of paper. The longer one stays in this room, the warmer it gets – through the person's own body heat. There, one can imagine a life created from "nothingness" and without a future.

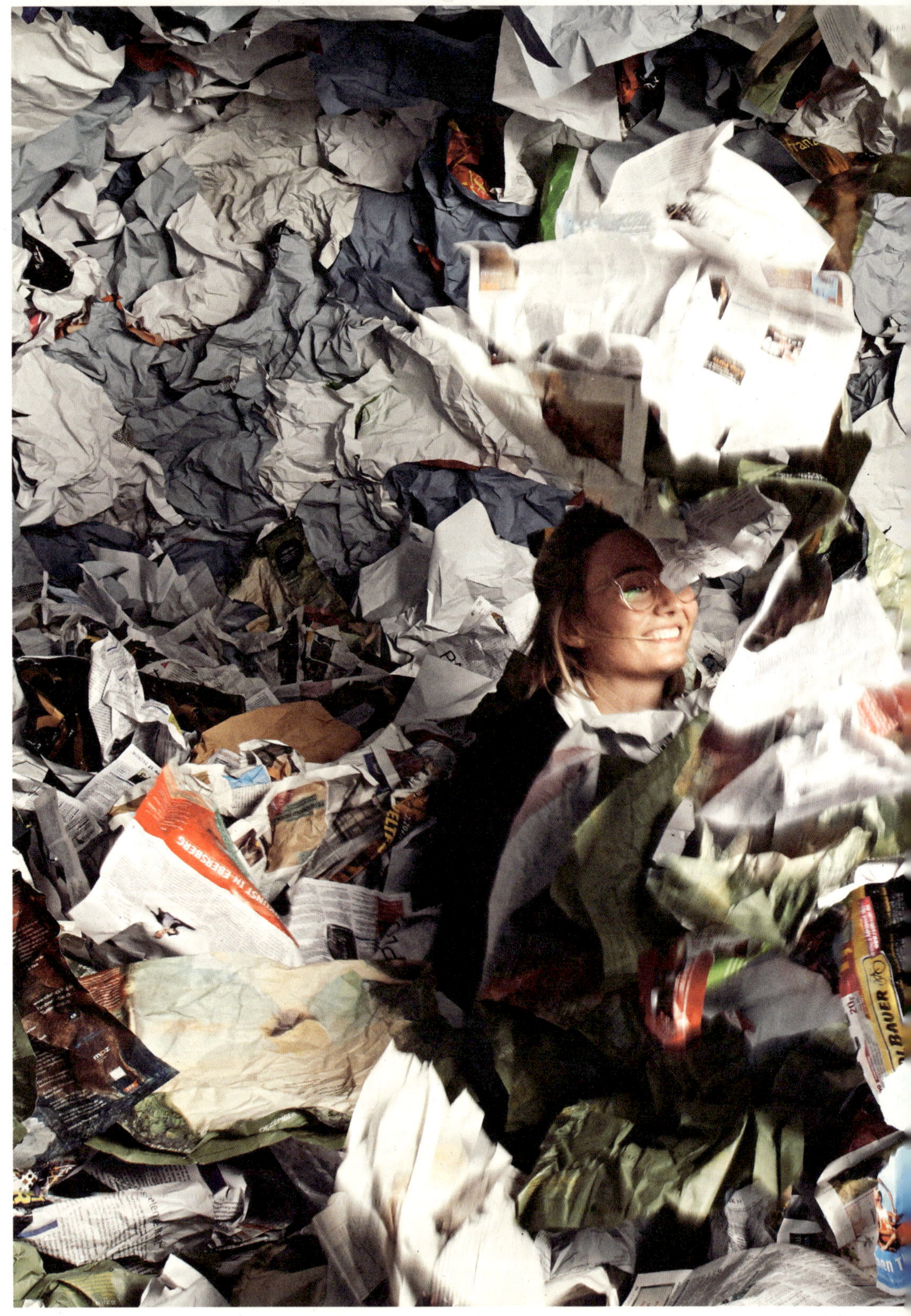

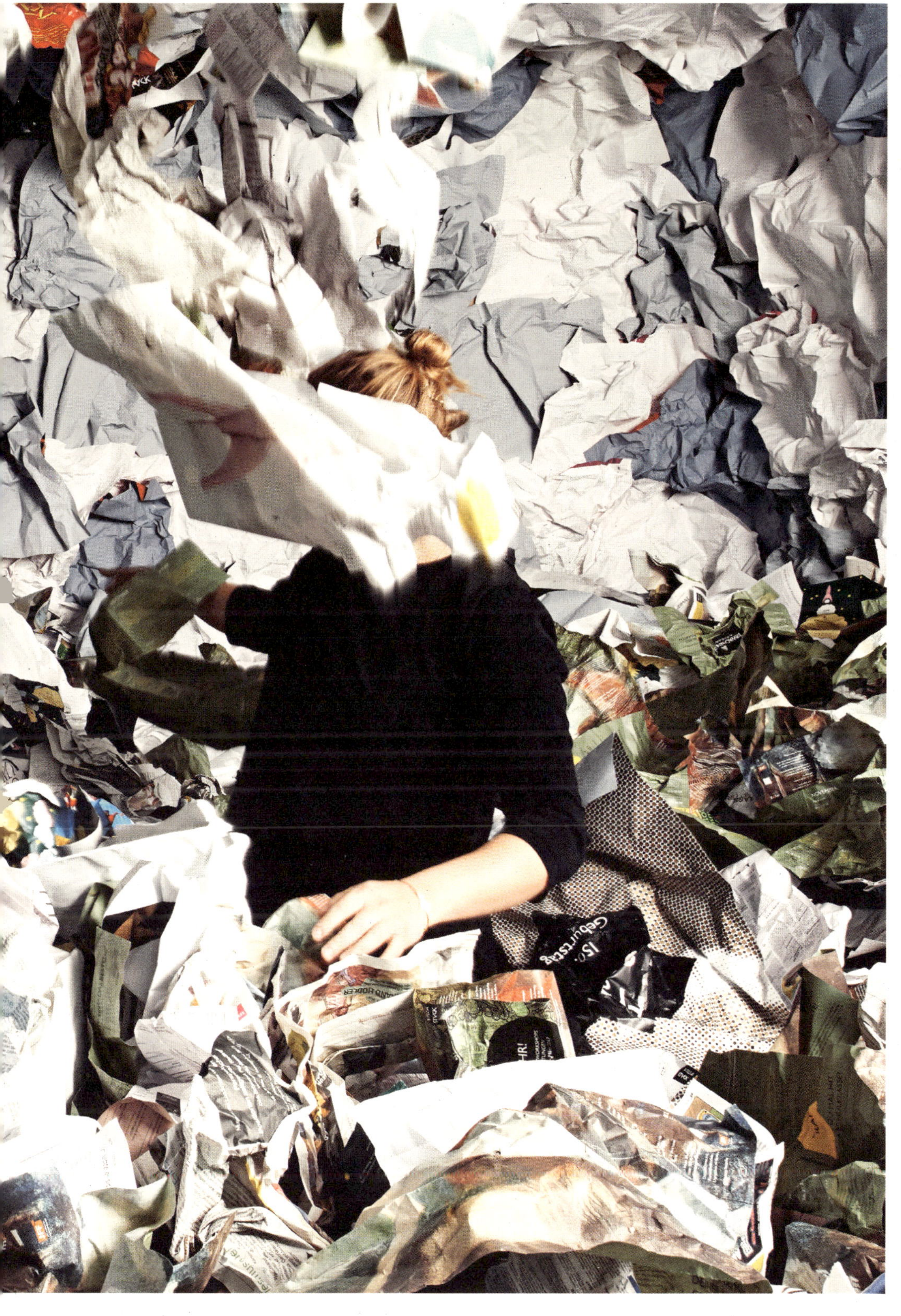

1. Öffnen Sie die Glasglocke.

2. Nehmen Sie das Buch in die Hand, schließen Sie die Augen und atmen Sie tief durch. Lassen Sie Ihren Geist zur Ruhe kommen.

3. Blättern Sie mit geschlossenen Augen im Buch und lauschen Sie auch dem Geräusch des Umblätterns.

4. Schnuppern Sie an der Oberfläche sowie an den Seiten des Buches.

5. Achten Sie auf die Gedanken und Gefühle, die der Geruch des Buches bei Ihnen auslöst. Welche Erinnerungen kehren zurück?

6. Wenn eine andere Person in Ihrer Nähe ist, erzählen Sie sich gegenseitig Ihre Geruchsgeschichten.

1. *Open the bell jar.*

2. *Take the book into your hands, close your eyes and take a deep breath. Let your mind come to rest.*

3. *Leaf through the book with eyes closed. Listen also to the sound of the pages being flipped.*

4. *Sniff the entire surface and the sides of the book.*

5. *Pay attention to the thoughts and feelings that are triggered by the smell of the book. What memories come back?*

6. *If another person is near you, please tell one another your smell-related stories.*

Diese Fotos entstanden bei drei Workshops von Hisako Inoue am 9. und 13. Oktober 2017 in de Ausstellung. In Kooperation mit dem Bayerischen Volksbildungsverband, der Münchner Volks hochschule und den Südbayerischen Wohn- und Werkstätten.

These photographs were taken during Hisako Inoue's three workshops in the exhibition on 9 and 13 Octobe 2017. In cooperation with the Bavarian Adult Education Association, the Munich Adult Education Centr and Southern Bavarian Accommodation and Sheltered Workplaces for the Blind and Visually Impaire (SWW).

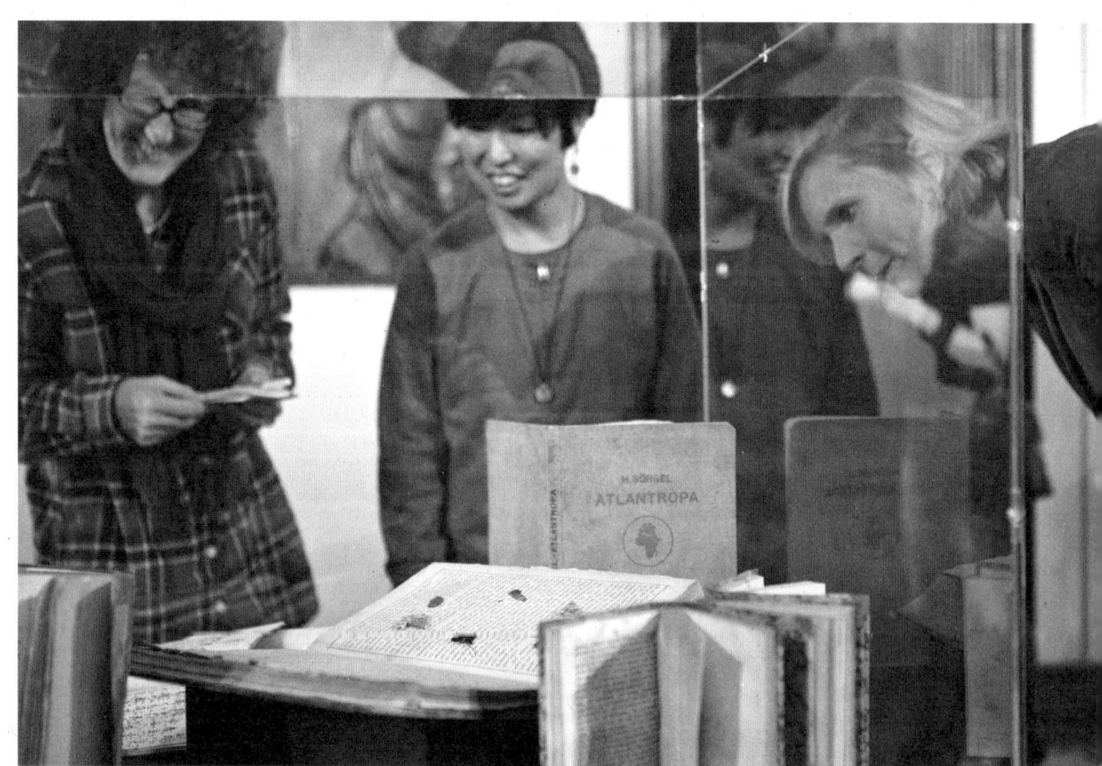

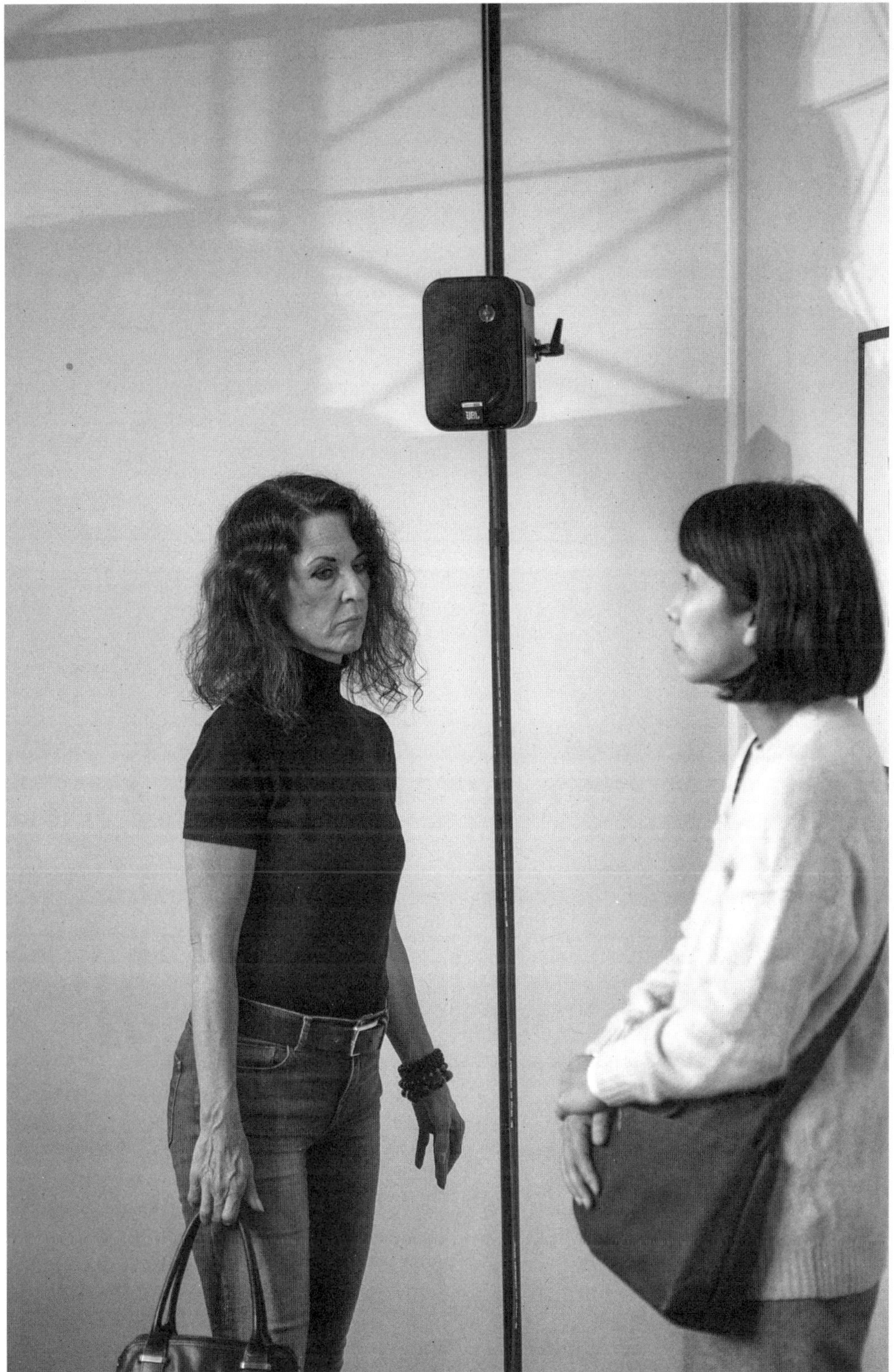

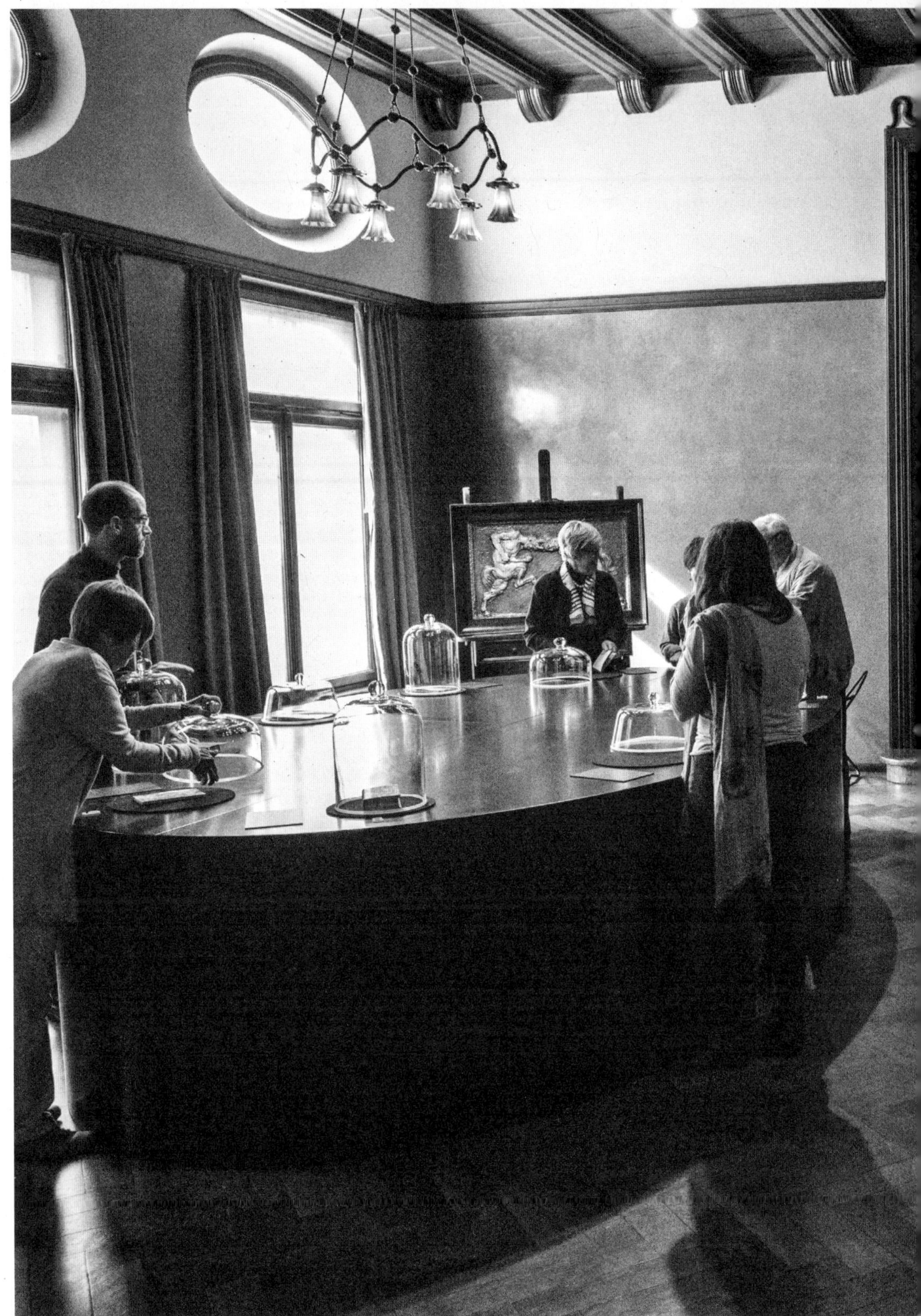

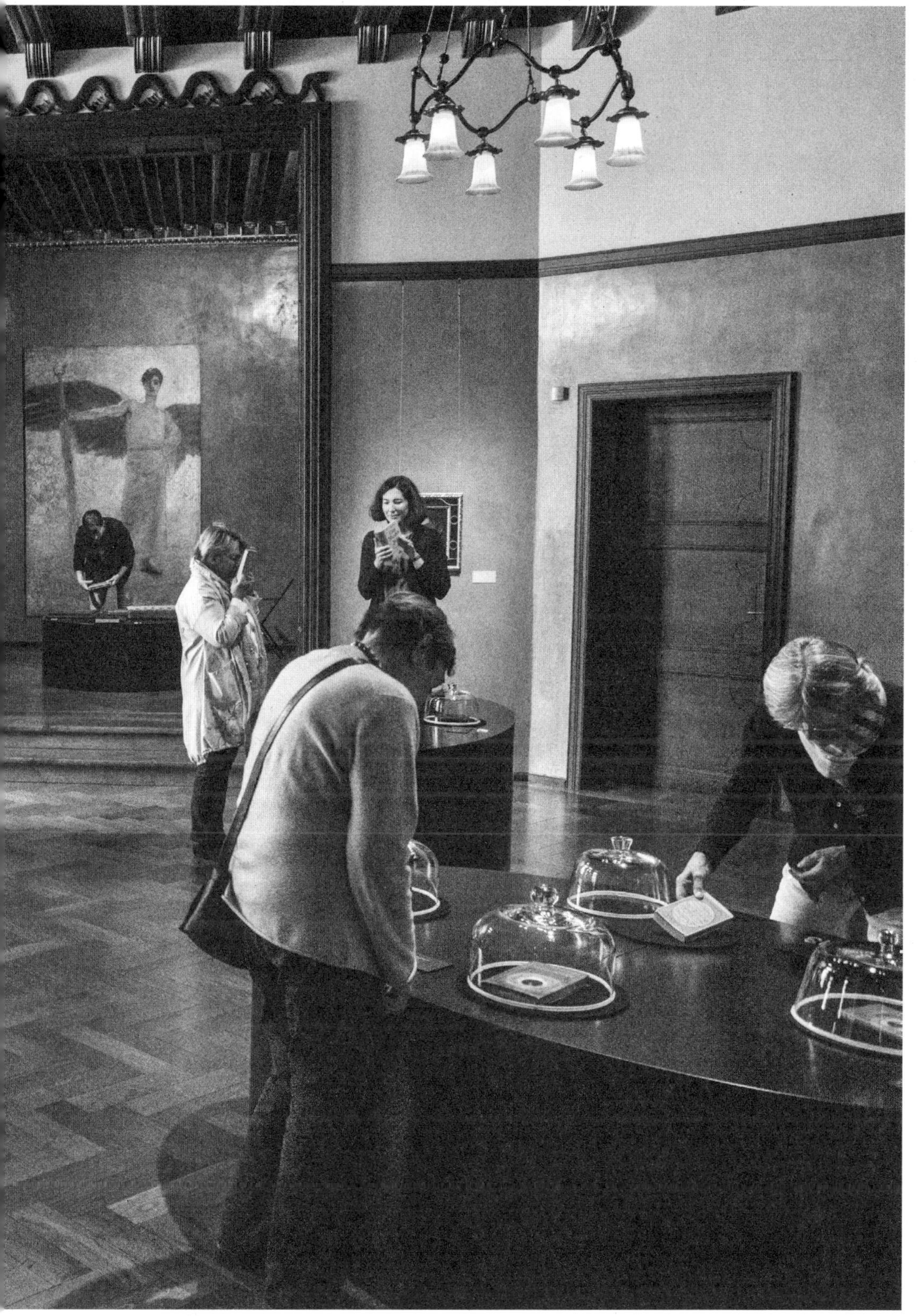

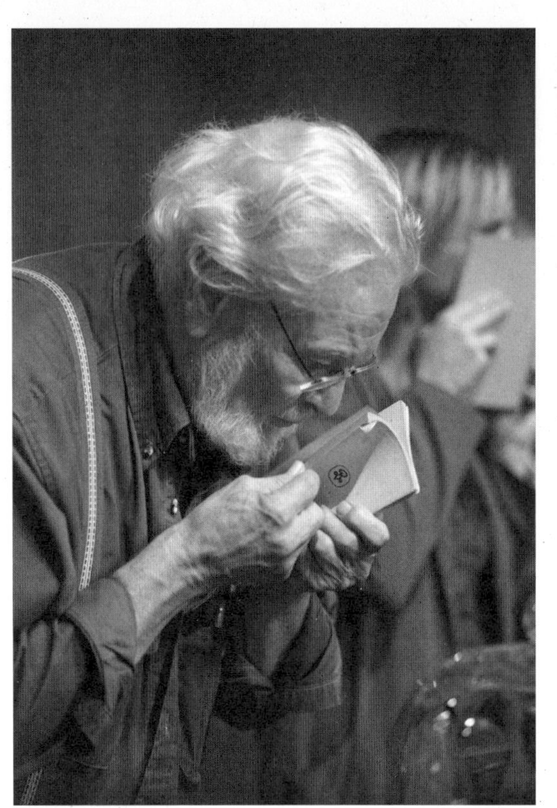

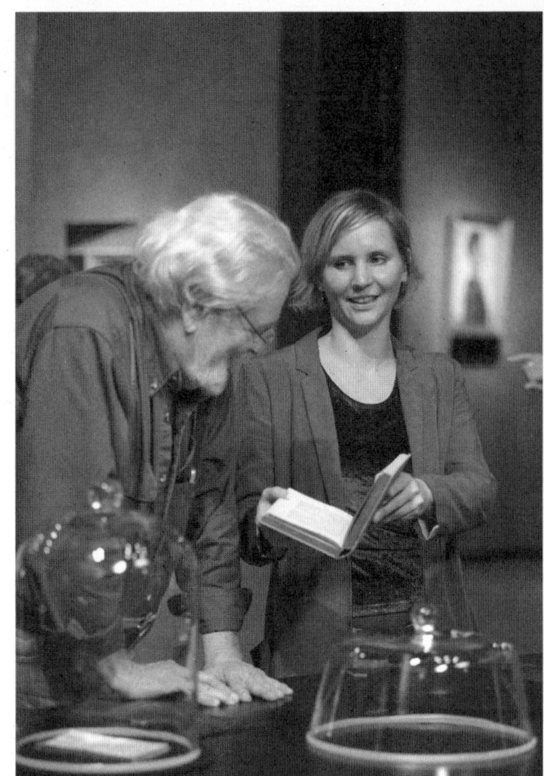

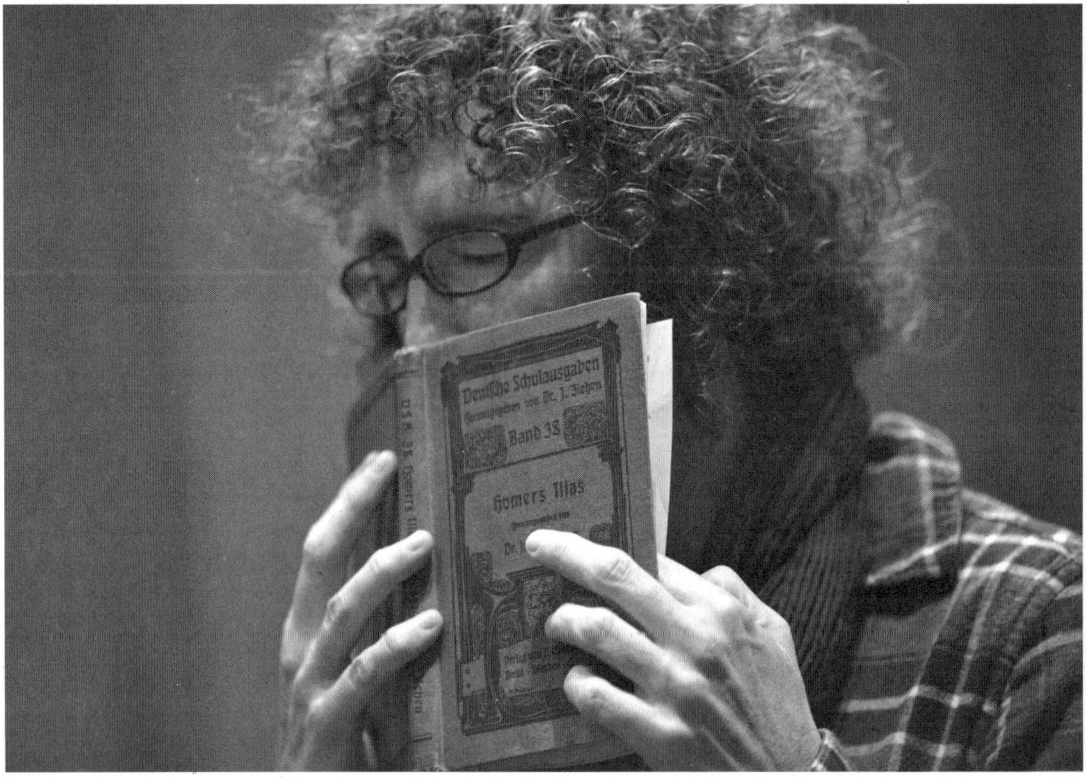

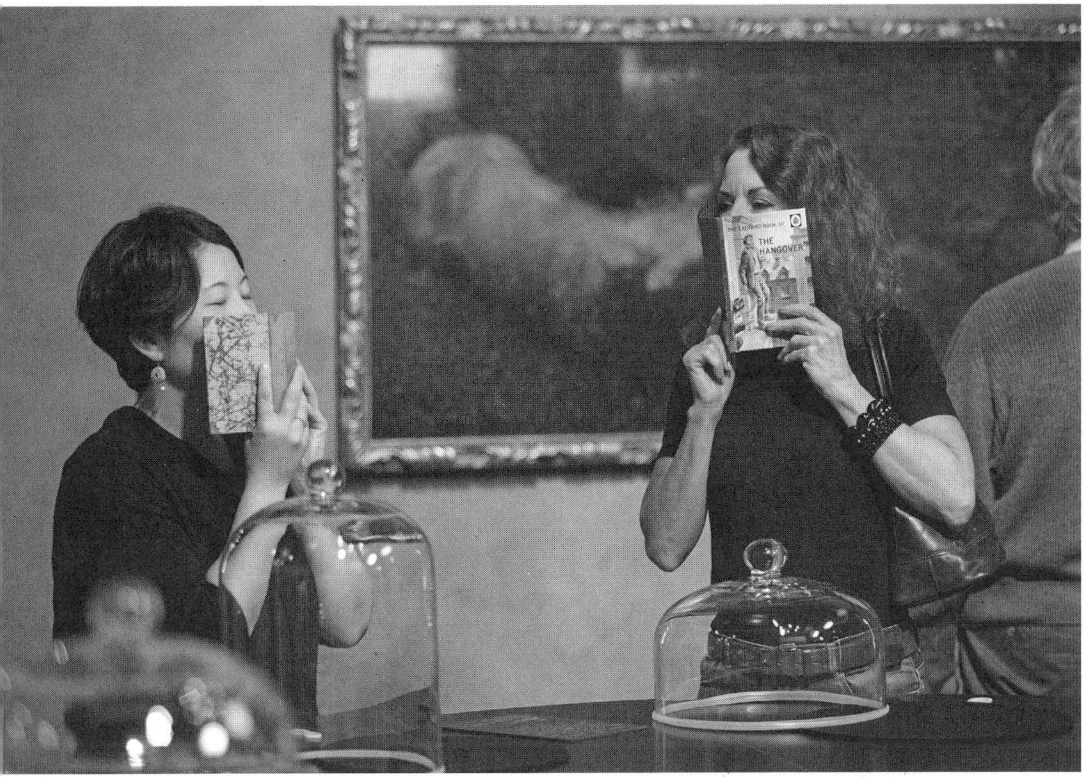

THE HANGOVER

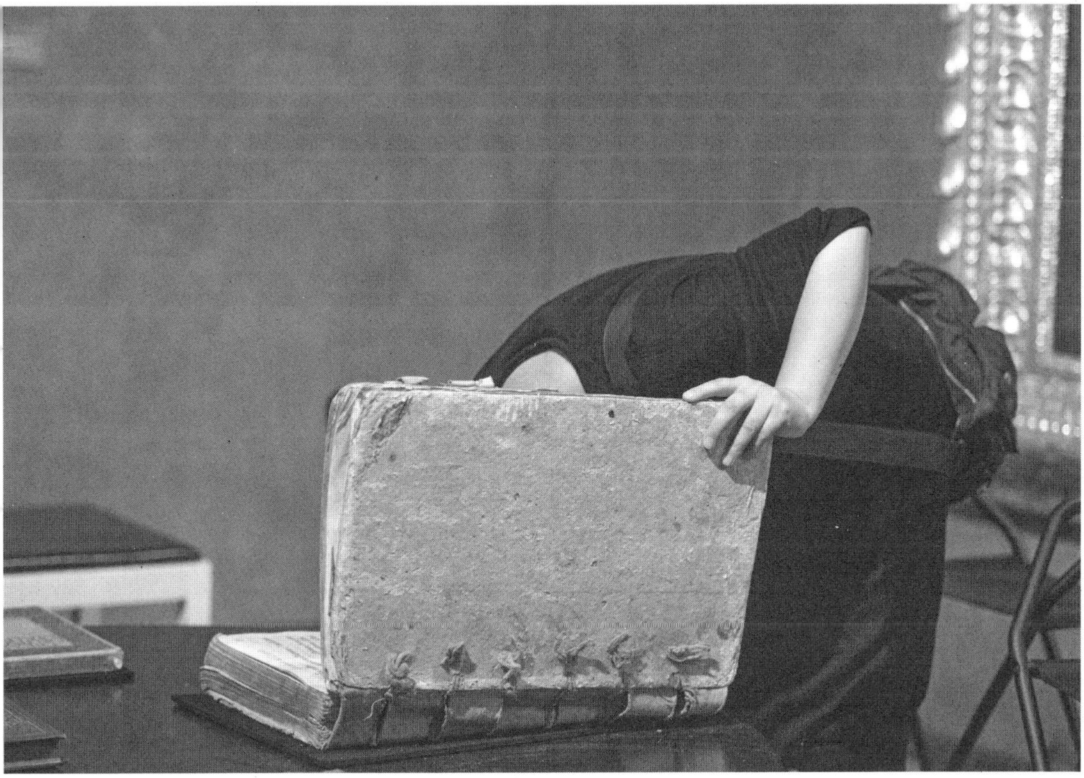

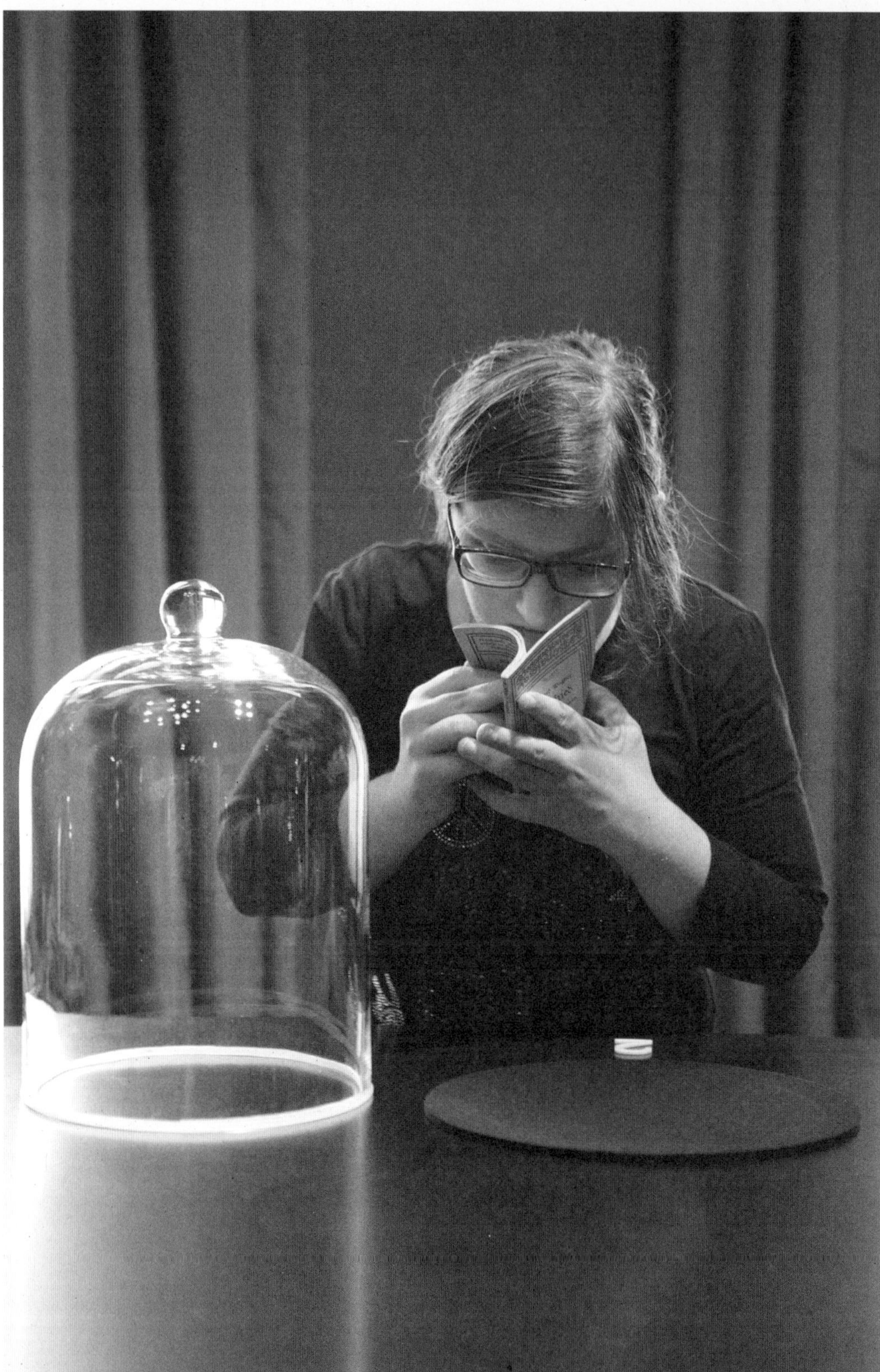

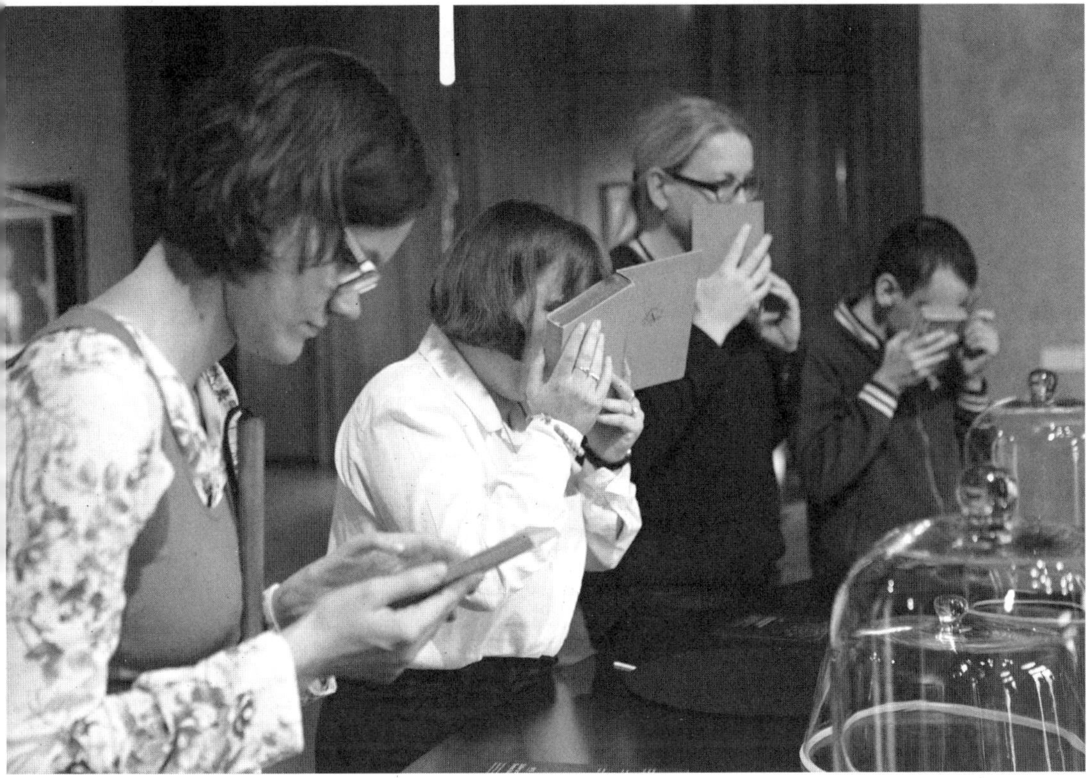

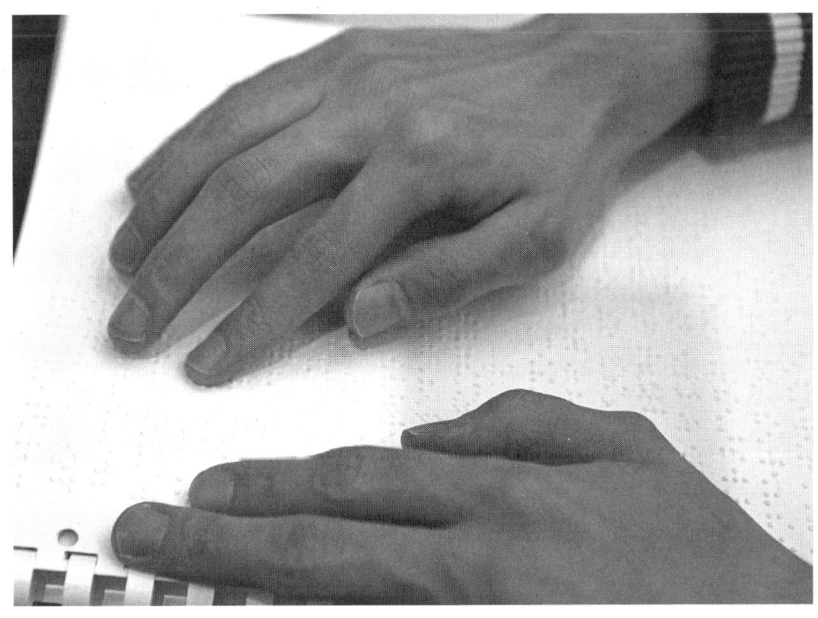

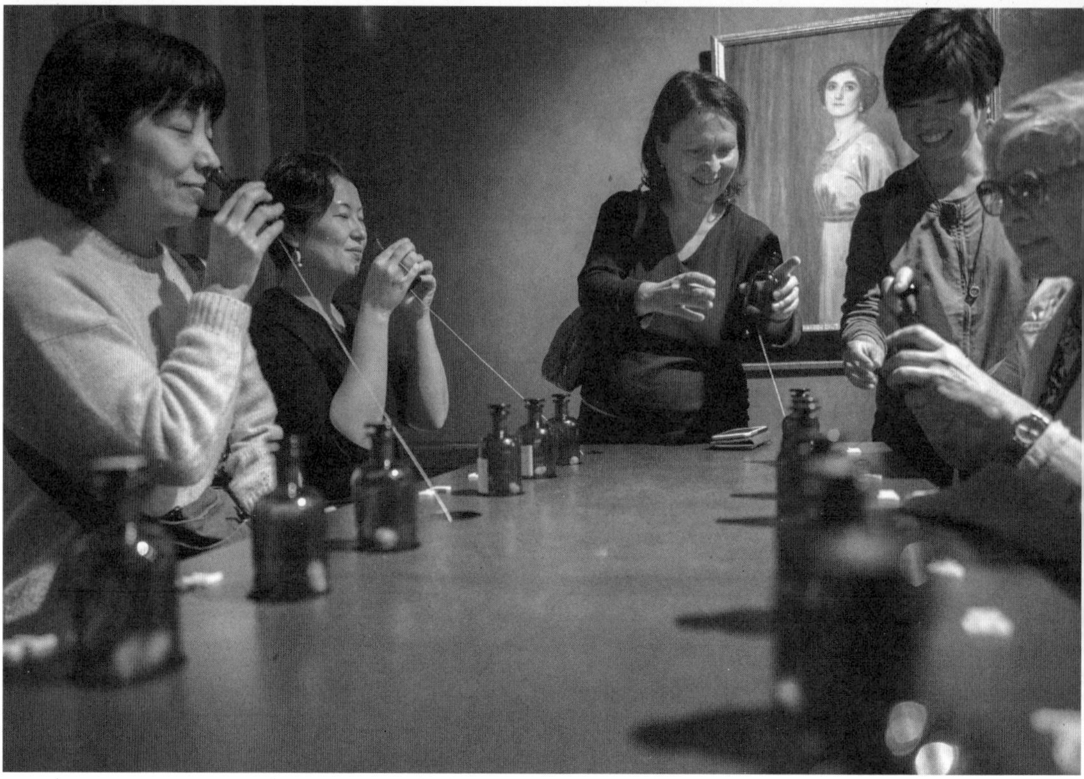

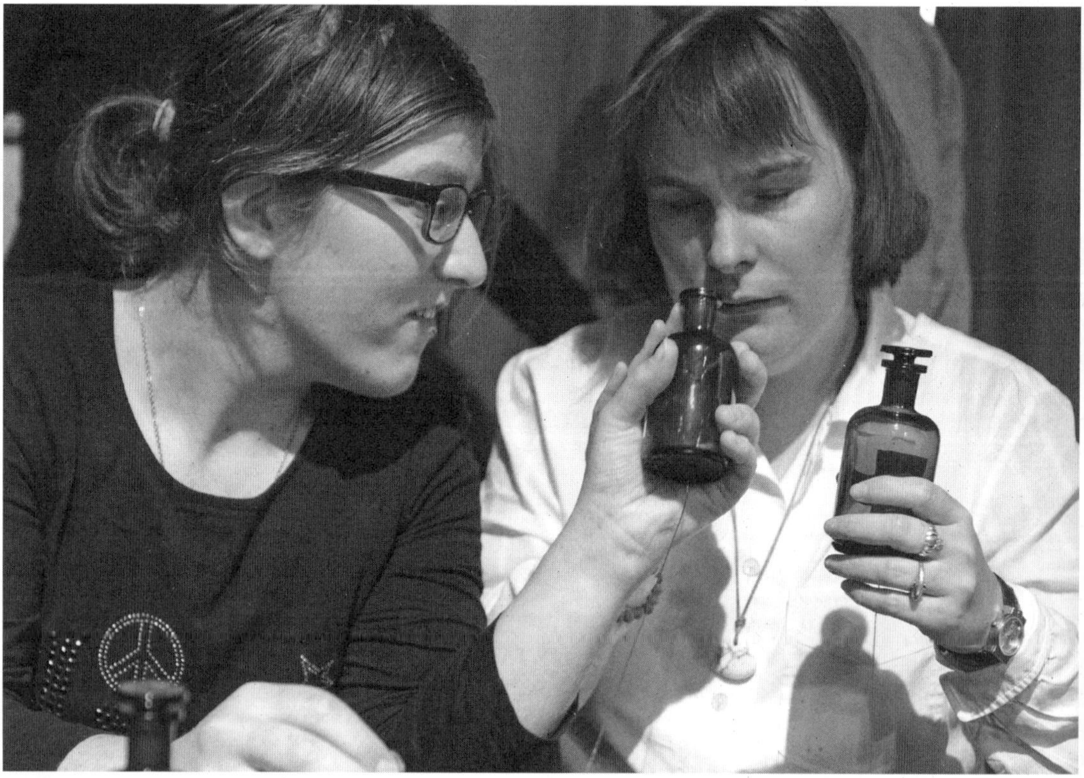

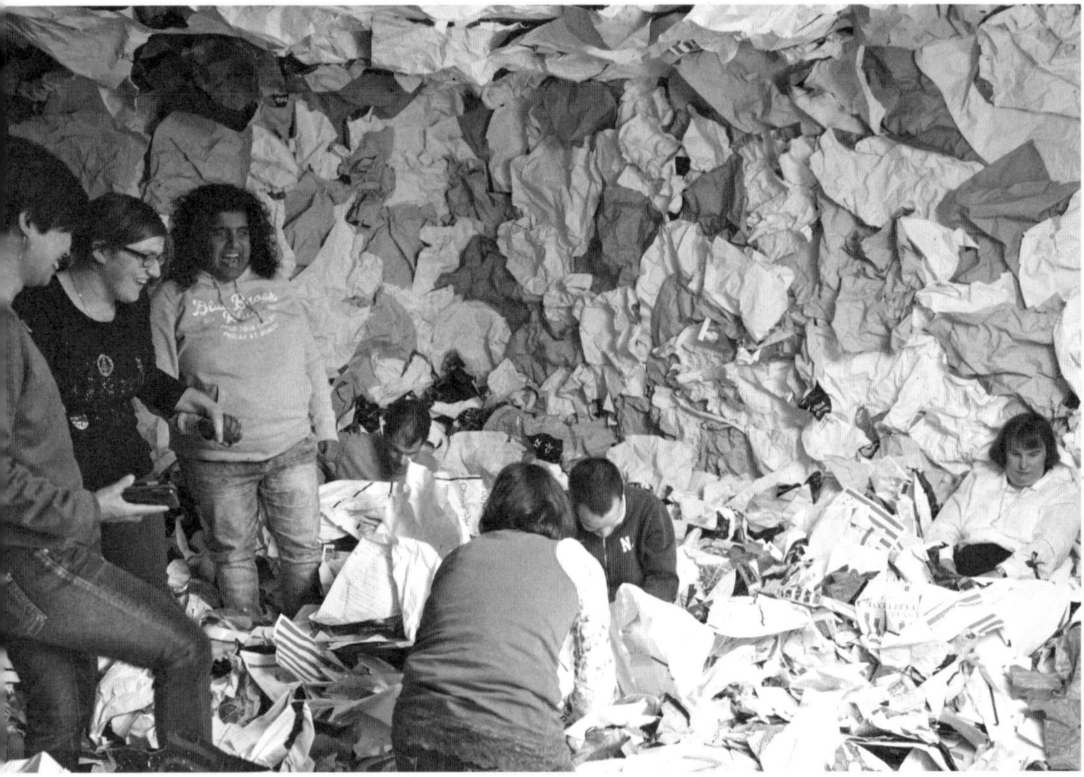

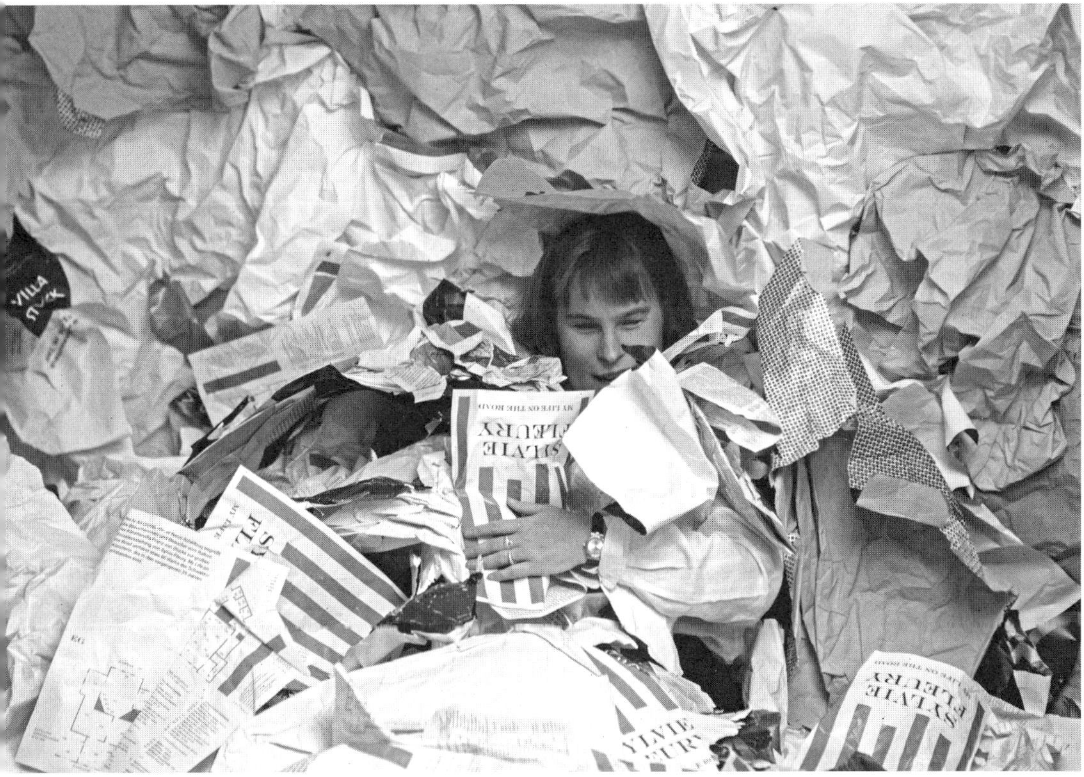

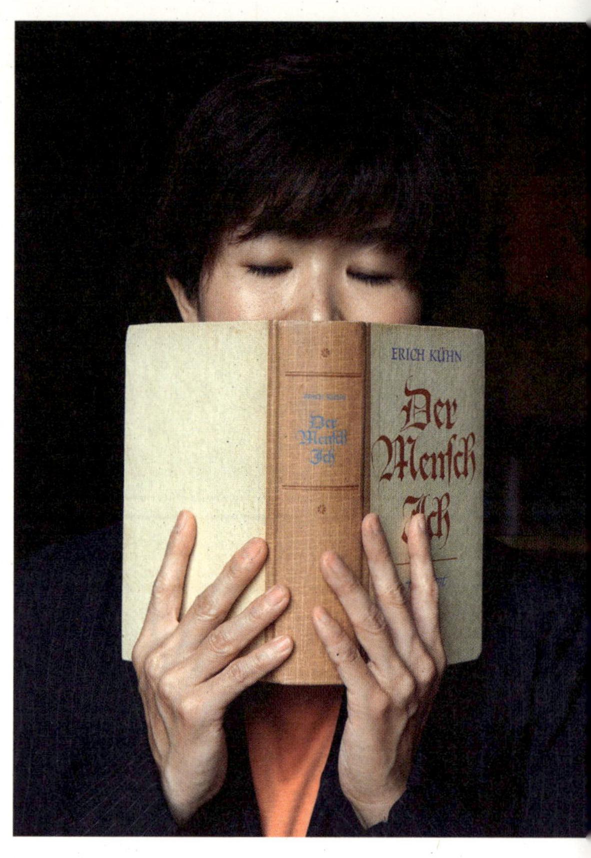
ERICH KÜHN
Der Mensch Ich

Hisako Inoue (* 1974) schafft mit ihren Duft- und Klanginstallationen interaktive Kunsträume in Kunstmuseen und Galerien. Seit 1996 arbeitet sie am klanglichen Teil ihrer Installationen mit Takurô Sibayama zusammen. Werke der Künstlerin sind in den Sammlungen des Kunstmuseums der Joshibi-Universität für Kunst und Design in Sagamihara (Präfektur Kanagawa) und des Museums für künstlerische Grafik in Machida (Präfektur Tokio) vertreten.
Seit 2007 haben sich Workshops zu einem Schwerpunkt der künstlerischen Praxis Hisako Inoues entwickelt. Sie beruhen auf dem Konzept „Geruch und Erinnerungen" und tragen in ihrer Konzeption den Bedingungen bestimmter Programme, Orte, Kulturen, Geschichten, Verhaltensweisen oder auch den Einflüssen jahreszeitlicher oder allgemeiner Wetterverhältnisse Rechnung. Zu ihren jüngsten Workshops zählen der *Kun-kun Walk* 2016 im Yokosuka-Kunstmuseum (Programm für Behinderte) und die *Schnüffelstation* beim Ander Art Festival 2016 in München.
Die Künstlerin möchte im Sinne eines Experiments Beteiligte dazu ermutigen, sich über ihre Ansichten und Empfindungen auszutauschen und sich mit dem Zusammenhang von „Kunstwerk und kollektiven Erinnerungen" auseinanderzusetzen. Seit 2012 arbeitet Hisako Inoue immer wieder mit Experten aus verschiedenen Bereichen zusammen, darunter Umweltforscher, Biologen, Geruchswissenschaftler wie Mika Shirasu, Taube und Blinde. Ihr Ziel ist es, eine neue Form der Kommunikation zu entwickeln und dieses Programm in zahlreichen weiteren Ländern in aller Welt bekannt zu machen.
Hisako Inoue studierte an der Joshibi-Universität für Kunst und Design in Sagamihara (Präfektur Kanagawa), wo sie 1999 ihren Master of Fine Arts abschloss. Sie wurde mit einer Reihe von Stipendien ausgezeichnet, darunter in jüngster Zeit ein Gastaufenthalt im Internationalen Künstlerhaus Villa Waldberta in München (2016), und hat ihr Werk in zahlreichen Einzel- und Gruppenausstellungen präsentiert. In diesem Jahr war sie in der Gruppenausstellung „Play with Taro Okamoto" im Taro-Okamoto-Kunstmuseum in Kawasaki vertreten.
www.chyakobo.net
www.facebook.com/hisako.inoue.5

Hisako Inoue (* 1974) creates interactive art spaces in art museums and galleries with her scent and sound installations. Since 1996, she has worked on the sound part of her installations in collaboration with Takurô Sibayama. The artist's work is exhibited in the permanent collections of the Joshibi Art Museum in Kangaway and the Machida City Museum of Graphic Arts in Tokyo.
Since 2007 workshops have become a focal point of Hisako Inoue's work. They are based on the concept of "smell and memories," and conceived to meet the diverse requirements of a specific program, location, culture, history, behavior or even the influences from seasonal or general weather conditions. Recent workshops have included the 2016 *Kun-kun Walk* at Yokosuka Art Museum (Handicapped Persons Program) and the Ander Art Festival 2016 in Munich (*Sniffing station*).
The artist's intention, a kind of experiment, is to encourage participants to share their opinions and feelings, in relation to the workshop's concept, and to deal with the combined "artwork and collective memories." Since 2012, Hisako Inoue has collaborated with many specialists ranging from environmental researchers, biologists, olfaction experts, such as Mika Shirasu, deaf and blind people. Her aim is to create a new style of communication and take this program to many countries all over the world.
Hisako Inoue studied at the Joshibi University of Art and Design in Sagamihara, where she obtained her MFA in 1999. She has been awarded a number of scholarships, the most recent being as an International Artist in Residence at the Villa Waldberta in Munich (2016), and she has taken part in numerous solo and group exhibitions. This year the artist's work was shown at the group exhibition "Play with Taro Okamoto" at the Taro Okamoto Museum of Art in Kawasaki.
www.chyakobo.net
www.facebook.com/hisako.inoue.5

Autoren

Cecilia Bembibre ist Doktorandin am Institute for Sustainable Heritage am University College London. Ihr Projekt heißt „Smell of Heritage" (Der Geruch des kulturellen Erbes). Bembibre untersucht den Stellenwert des Geruchssinns in unserer Wahrnehmung des kulturellen Erbes und schlägt außerdem einen Rahmen zur Identifikation, Bewahrung und zum Schutz von Gerüchen unseres kulturellen Erbes vor.

Mădălina Diaconu, Dozentin am Institut für Philosophie und am Institut für Romanistik der Universität Wien. Doktorate in Philosophie in Bukarest und Wien, Habilitation in Philosophie an der Universität Wien. Vizepräsidentin der Wiener Gesellschaft für interkulturelle Philosophie, Redaktionsmitglied von „polylog" (Wien) und „Studia Phaenomenologica" (Bukarest). Autorin von neun Monografien, darunter „Tasten, Riechen, Schmecken" (2005), „Sinnesraum Stadt" (2012) und „Phänomenologie der Sinne" (2013). Herausgeberin von einem Dutzend Sammelbänden, darunter „Sensorisches Labor Wien" (2011) und „Senses and the City" (2011).

Anne Marr studierte Kunstgeschichte, Europäische Ethnologie/Volkskunde und Italienische Philologie in Leipzig und München. Sie leitet heute die Kunstvermittlung im Museum Villa Stuck und kuratiert Ausstellungen mit einem Schwerpunkt auf Partizipation, u. a. 2010 „RICOCHET #1. Cris Koch", 2013 „RICOCHET #6. Martin Brand" und 2015 „Geh und spiel mit dem Riesen. Kindheit, Emanzipation und Kritik".

Takurô Shibayama ist ein Komponist und Klangkünstler. Er machte seinen Magisterabschluss an der Musikhochschule Tokio und erwarb anschließend seinen Doktortitel an der Tokioter University of the Arts. Er arbeitet an „Relational Art"-Projekten; ein Schwerpunkt ist die Leitung von Workshops, in denen er elektroakustische Musik mit unterschiedlichen Menschen macht. Er reflektiert die Beziehung von Schöpfung und Gesellschaft aus interdisziplinären Blickwinkeln, zum Beispiel im Hinblick auf kognitive Wissenschaft, Erkenntnis theorie, Verhaltensforschung, usw. Aktuell arbeite er als Associate Professor an der Denki Universit in Tokio und als Gastkünstler des Zentrum fü Kunst und Medien Karlsruhe; finanziell unterstütz wird er dabei von der Agency for Cultural Affairs der japanischen Regierung.

Mika Shirasu ist Gruppenleiterin und Assistenzpro fessorin des Touhara Chemosensory Signal Projec in Tokio – ein Forschungsprojekt, welches durch das ERATO (Exploratory Research for Advanced Tech nology)-Programm finanziert wird. Bei diesem Pro jekt wird erforscht wie Geruchsstoffe und Phero mone bestimmtes Verhalten auslösen. Nach ihrem Abschluss in Biochemie 1999 an der Universität von Tokio setzte Mika Shirasu ihr Studium an de Graduate School of Frontier Sciences in der japani schen Hauptstadt fort. 2009 erhielt sie den Dean's Award for Outstanding Achievement für ihre Dok torarbeit. Aktuell arbeitet Mika Shirasu als Projekt Assistenzprofessorin an der Graduate School of Agricultural and Life Sciences. Ihr wurde kürzlich der Research Award for Young Scientists der Japa nese Association for the Study of Taste and Smel verliehen.

Matija Strlič ist Professor of Heritage Science am UCL Institute for Sustainable Heritage. Er arbeite gerne an interdisziplinären Forschungsprojekten zum Thema ‚Kulturelles Erbe'. Eines seiner erklär ten Lieblingsthemen sind die flüchtigen Verbin dungen, die von historischem Material ausgehen Seine Forschung, eine Kombination aus Material forschung und Studien über die öffentliche Wahr nehmung, führte zu einem tieferem Verständnis für den Wert der Wissenschaft im Hinblick auf die Konservierung und die Wertschätzung von Samm lungen zum kulturellen Erbe. Er ist Fellow of the International Institute for Conservation, Fellow of the Royal Society of Chemistry und Fellow of the Royal Society of Arts.

Authors

Cecilia Bembibre is a doctoral researcher at the Institute for Sustainable Heritage at the University College London. Her project, called "Smell of Heritage," explores the role of olfaction in our perception of Heritage and proposes a framework to identify, preserve and protect heritage smells.

Mădălina Diaconu, Lecturer at the Institute of Philosophy and the Institute of Romance Studies of the University of Vienna. Doctorates in philosophy in Bucharest and Vienna, habilitation in philosophy at the University of Vienna. Vice-President of the Viennese Society of Intercultural Philosophy, member of the editorial board of "polylog" (Vienna) and "Studia Phaenomenologica" (Bucharest). Author of nine monographs, including "Tasten, Riechen, Schmecken" (2005), "Sinnesraum Stadt" (2012) and "Phänomenologie der Sinne" (2013). Editor of a dozen anthologies, including "Sensorisches Labor Wien" (2011) and "Senses and the City" (2011).

Anne Marr studied Art History, European Ethnology and Italian Philology in Leipzig and Munich. Today, she is the Head of Art Education at the Museum Villa Stuck and curates exhibitions with a focus on participation, among others "RICOCHET #1. Cris Koch" in 2010, "RICOCHET #6. Martin Brand" in 2013 and "Geh und spiel mit dem Riesen. Kindheit, Emanzipation und Kritik" (Go play with the giant. Childhood, emancipation and criticism) in 2015.

Takurô Shibayama is a composer and sound artist. He received his M. A. from the Tokyo College of Music and his Ph. D. from Tokyo University of the Arts. His focus is on relational art, as he hosts workshops to create electroacoustic music together with a variety of people, while at the same time rethinking the relationship between creation and society from the interdisciplinary points of view of cognitive science, epistemology, ethology, and the like. He is currently Associate Professor at Tokyo Denki University and a guest artist at the Karlsruhe Media Art Center (ZKM) sponsored by the Japanese Department of Cultural Affairs.

Mika Shirasu is the Group Leader and Project Assistant Professor of the Touhara Chemosensory Signal Project in Tokyo – a research project, funded by the ERATO (Exploratory Research for Advanced Technology) program, the aim of which is to identify how odorants or pheromones trigger a particular behavior. After obtaining a degree in biochemistry from the University of Tokyo in 1999, Mika Shirasu continued her studies at the Japanese capital's Graduate School of Frontier Sciences. In 2009, she received the Dean's Award for Outstanding Achievement for her Ph. D. work. Currently a Project Assistant Professor at the Graduate School of Agricultural and Life Sciences, Mika Shirasu recently received the Research Award for Young Scientists of the Japanese Association for the Study of Taste and Smell.

Matija Strlič is Professor of Heritage Science at UCL Institute for Sustainable Heritage. He enjoys cross-disciplinary research into cultural heritage and understanding of volatiles emitted from historic materials is a particularly favourite subject of his. In this research, a combination of knowledge of material science and studies of the public attitudes led to a deeper appreciation of the value of science in conservation and appreciation of cultural heritage collections. He is Fellow of the International Institute for Conservation, Fellow of the Royal Society of Chemistry and Fellow of the Royal Society of Arts.

Dieser Katalog erscheint anlässlich der Ausstellung/*This catalogue is published on the occasion of the exhibition*
RICOCHET #11
Hisako Inoue. Die Bibliothek der Gerüche/*The Library of Smells*
Museum Villa Stuck, München/*Munich*
7. Oktober 2017 – 14. Januar 2018/*October 7, 2017 – January 14, 2018*

Mit Unterstützung von/*With support by*

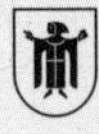
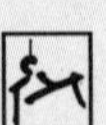

Ausstellung/*Exhibition*

Kuratorin/*Curator*
Anne Marr
Restauratorische Betreuung/*Conservation*
Susanne Eid
Ausstellungstechnik/*Preparation*
Christian Reinhardt und/*and* Johannes Koch, Joseph Köttl, Andrea Snigula

Katalog/*Catalogue*

Herausgeber/*Editors*
Michael Buhrs, Anne Marr
Gestaltung/*Design*
Anett Hentschel
Autoren/*Authors*
Michael Buhrs, Cecilia Bembibre, Mădălina Diaconu, Anne Marr, Takuro Shibayama, Mika Shirasu und/*and* Matija Strlič
Redaktion/*Editing*
Anne Marr, Nadja Henle
Übersetzungen/*Translations*
Bram Opstelten: S./*pp.* 9–10, 30–32, 40–43, 68–73
Carolin Miller: S./*pp.* 44–54
Heike Patzschke: S./*pp.* 11–19, 27–29, 33–40
Sean Kenney: S./*pp.* 20–26, 74–90
Paulus Kaufmann: S./*pp.* 88–89
Lektorat/*Copy Editing*
Sven Siedenberg, Sarah Trenker

Fotonachweis/*Photo Credits*
S./*p.* 12: Hideto Nagatsuka
S./*pp.* 34, 35, 37, 38 unten/*bottom*: Mika Shirasu
S./*pp.* 36, 38 oben/*top*: Hisako Inoue
S./*pp.* 50, 53: Cecilia Bembibre und Matija Strlič
S./*p.* 52 oben/*top*: Francesca Martin
S./*p.* 52 unten/*bottom*: Cecilia Bembibre
S./*p.* 64: bpk
S./*pp.* 75–80, 82–87: Jann Averwerser
S./*p.* 81: Studio Pandan
S./*pp.* 90–99: Barbara Donaubauer
S./*p.* 100: Nikolaus Steglich

Lithografie/*Image Editing*
Frische Grafik, Hamburg
Produktion/*Production Management*
DISTANZ Verlag
Gesamtherstellung/*Production*
Lösch GmbH & Co. KG

Die Deutsche Nationalbibliothek verzeichnet diese Publikation in der Deutschen Nationalbibliografie; detaillierte bibliografische Daten sind im Internet über http://dnb.dnb.de abrufbar:
The Deutsche Nationalbibliothek lists this publication in the Deutsche Nationalbibliografie; detailed bibliographic data are available on the Internet at http://dnb.dnb.de.

Vertrieb/*Distribution*
Gestalten, Berlin
www.gestalten.com
sales@gestalten.com

ISBN 978-3-95476-218-7
Printed in Germany

Erschienen im/*Published by*
DISTANZ Verlag
www.distanz.de